Teresa Hieslmayr
Wege zum Miteinander

Teresa Hieslmayr

WEGE ZUM MITEINANDER

Verbundenheit finden, die unser Leben stärkt

Tyrolia-Verlag • Innsbruck-Wien

INHALTSVERZEICHNIS

I.

SEHNSUCHT NACH WIR

Gehören auch Sie, liebe Leserin, lieber Leser, zu jenen Menschen, die in manchen Augenblicken des Lebens das vage Gefühl haben, dass ihnen etwas fehlt? Vielleicht sind Sie diesem Gefühl schon nachgegangen. Haben dabei festgestellt, dass dieses fehlende „Etwas" schwer zu fassen, schwer zu benennen ist. Vielleicht haben Sie sogar schon das eine oder andere Mal versucht, der Spur Ihres Suchens weiter zu folgen, mit einem Buch etwa? Und merken doch, dass dieses Gefühl immer wieder auftaucht, sich bemerkbar macht.

WIR SIND SUCHENDE

Ich erinnere mich gut an einen Abend in einem Wiener Innenstadtcafé. Am Nebentisch saß ein Mann, der mit seinem Verhalten meine Aufmerksamkeit auf sich zog. Alles an ihm war in Unruhe. Sein Blick glitt fragend hin und her, die Hände spielten mit der Serviette. Den liebevoll servierten Kaffee stürzte er gierig hinunter, um unmittelbar danach zur Zigarettenschachtel zu greifen. Mit den Beinen scharrte er ununterbrochen unter dem Sessel, als ob er jederzeit aufstehen und gehen wollte – aber wohin?

Ich konnte mich des Eindrucks nicht erwehren, dass dieser Mann verzweifelt nach etwas suchte, vehement und zugleich erfolglos.

Das Bild dieses Mannes hat mich tief berührt. Sein zielloses Suchen war für mich ebenso spürbar wie die Orientierungslosigkeit, die ich an ihm wahrnahm.

Können auch Sie, verehrte Leserin, verehrter Leser, sich in diesen Mann hineinversetzen? Kennen Sie diese namenlose Unruhe sogar selbst? Finden Sie sich manchmal auf der Suche nach etwas, ohne genau zu wissen, wonach? Dann: Willkommen im Club. Ich kann Ihnen versichern, Sie sind damit nicht allein. Zu suchen, bildet ein Existenzial des Menschseins, ist etwas zutiefst Humanes. Wir sind alle Suchende – ob wir uns dessen bewusst sind oder nicht.

Von dieser Suche zeugen Verse und Texte aus allen Jahrtausenden. Schon vor dreitausend Jahren beteten Menschen im Alten Testament der Bibel: „Gott, mein Gott, dich suche ich!"[1] Etwa tausend Jahre später erzählte Jesus Geschichten, in denen Menschen etwas suchen, eine Perle zum Beispiel oder ein verlorenes Geldstück. Noch während der Jahre des Zweiten Weltkrieges, inmitten der entsetzlichen Verbrechen des Holocaust, wagt die jüdische Dichterin Nelly Sachs den ebenso hoffnungsvollen wie mutigen Satz: „Alles beginnt mit der Sehnsucht"[2]. Und heute ist es Helene Fischer, die von der „Suche nach mir" singt.

Dass Menschen in Mitteleuropa am Beginn des 3. Jahrtausends etwas suchen, weil ihnen Existenzielles fehlt, mag auf den ersten Blick kaum nachvollziehbar sein. „Euch fehlt doch nichts. Ihr habt alles und mehr als genug!", hört man immer wieder, wenn die junge Generation auf den hohen Lebensstandard aufmerksam gemacht wird, mit dem sie aufgewachsen ist.

Auf einer gewissen Ebene ist das sicher richtig. Etliche Phänomene sprechen aber eine andere Sprache: Die ungebrochen hohe Anzahl an Suchtkranken etwa, von denen viele aus einem wohlhabenden und gebildeten Umfeld stammen. Jede Suchterkrankung ist letztlich ein Versuch, Fehlendes zu kompensieren, einer Suche ein Finden entgegenzusetzen. Ähnliches lässt sich von der bedrückend hohen Suizidrate in Europa sagen.

Der Begriff Sehnsucht deutet darauf hin, dass das existenzielle Suchen des Menschen über das oberflächlich Begreifbare hinausgeht. Es ist ein unabschließbares Suchen, das sich nicht an einem konkreten Ding festmachen lässt und daher umso schwerer wahrnehmbar und fassbar ist.

Auf der Suche nach Glück

Die Glücksforschung, die sich bei uns wachsender Beliebtheit erfreut, geht meist unhinterfragt davon aus, dass das universale Ziel menschlicher Suche im „Glück" besteht. Sie versucht, dem Glück einen Namen zu geben und empirisch herauszufinden, was Menschen glücklich macht. Dass dabei immer ein Teil unseres Sehnens unaussprechbar und unerfüllt, alles irdische Glück ein vorläufiges und unvollkommenes bleibt, blendet sie aus. Dennoch: Bei aller Unfassbarkeit und Vorläufigkeit halte ich es für wichtig, dass wir unsere Sehnsucht immer wieder konkretisieren und für unseren Alltag herunterbrechen. Was und wer macht mich glücklich, zufrieden? Was und wer gibt meinem Leben Sinn?

Auch wenn sich unsere Sehnsucht in diesen Fragen nicht erschöpft, ist sie doch in ihnen enthalten und jedes Menschenleben ist ein mehr oder weniger bewusster Versuch, darauf Antworten zu finden.

Wir werden mit den Glücksforscher:innen übereinstimmen, wenn sie feststellen, dass es immer mehrere Faktoren mit unterschiedlichem Gewicht sind, die, je nach Persönlichkeit, zu unserem subjektiven Glück beitragen. Das kann eine erfüllende berufliche Tätigkeit ebenso sein wie eine sportliche Aktivität oder ein geglücktes Familienleben. Auch Spiritualität, so sagt uns etwa der Glücksforscher Anton Bucher[3], ist ein wichtiger Faktor, wenn es um Sinn und Erfüllung geht.

Ein Weg, den viele Menschen auf ihrer Suche einschlagen, lässt sich mit dem Begriff Selbstfindung bezeichnen. Wenn Sie in einer Buchhandlung, vielleicht genau in jener, in der Sie dieses Buch erworben haben, vor dem Regal „Beratung – Psychologie – Lebenshilfe" stehen, werden Sie eine Menge an Titeln wie „Finde dich selbst", „Das Ich stärken", „Mein Weg zu mir selbst" usw. finden. Auch in Bildungs- und Seminarhäusern gibt es eine reiche Auswahl an Kursen zu den Themen Selbstverwirklichung und Selbstwert. In allen geht es mehr oder weniger ausgesprochen darum, Wege zu einem glücklicheren Leben zu finden. Viele davon sind fraglos von hoher Qualität. Gemessen an dem Maß des Angebotes, müsste also eine ganze Menge glücklicher Menschen herumlaufen, die zufrieden sind, weil sie sich selbst gefunden haben. Ich gestehe, dass ich davon wenig bemerken kann. Könnte es sein, dass dieses Suchen nach der Verwirklichung des Glücks im Selbst nicht so erfolgreich ist wie erhofft?

Ich möchte noch einmal auf die Glücksforschung zurückkommen. In sämtlichen Studien wird als zentrale Voraussetzung für geglücktes Leben das Bestehen von gelungenen Beziehungen und eine positive Erfahrung von Gemeinschaft genannt, meist sogar an erster Stelle.

Auf genau diese Dimension menschlicher Existenz möchte ich, liebe Leserin, lieber Leser, Ihren Blick lenken. Es geht um die Erfahrung eines gelungenen Wir, um die Erfahrung von Gemeinschaft und Verbundenheit im persönlichen Bereich, aber auch im universellen Sinn. Tatsächlich nimmt sie, wenn auch oft unbemerkt, in Philosophie, Kunst, Wissenschaft und in unserem persönlichen Erleben immer schon eine zentrale Rolle ein, wenn es um die Suche nach geglücktem Leben geht. In unserem Bewusstsein ist das aber wenig verankert. „Das Miteinander vermisse ich derzeit am Menschsein", sagt die österreichische Fernsehmoderatorin Barbara Karlich, als sie danach gefragt wird, was den Menschen zum Menschen macht.[4]

Wie können wir nicht nur Ich, sondern auch Wir sein und erleben? Welche Voraussetzungen braucht es dafür? Was hindert uns daran? Was bedeutet es für die Einzelnen und uns alle, wenn der Fokus vom Ich zum Wir, von der Selbstfindung zur Wir-Findung wandert?

Diesen Fragen möchte ich mit Ihnen auf den folgenden Seiten nachgehen.

Übrigens: Indem Sie dieses Buch lesen, bilden wir bereits ein Wir. Sie als Leserin bzw. Leser und ich als Autorin formen eine Buchgemeinschaft, gemeinsam mit allen, die dieses Buch ebenfalls in Händen halten oder gehalten haben. Ich werde in meinen Ausführungen auch immer wieder von *uns* sprechen, vor allem wenn es um menschliche Grundbedürfnisse und Grunderfahrungen geht. Indem wir gemeinsam auf der Suche nach dem gelungenen Wir sind, sind wir miteinander verbunden.

In einem Gedicht, das mit Nelly Sachs' Zitat „Alles beginnt mit der Sehnsucht" beginnt, heißt es: „Das ist des Menschen Größe und Not: Sehnsucht nach Verstehen, nach Freundschaft und Liebe." Beginnen wir also mit der Sehnsucht nach dem Wir.

Wenn das Wir fehlt

Deutlich wird unsere Sehnsucht nach Wir *ex negativo* spürbar: Sobald es uns abhandenkommt, merken wir, wie dringend wir es brauchen. Sie erinnern sich an den Beginn der Covid-Pandemie und die damit verbundenen Einschränkungen, denen wir uns aus Sorge vor Ansteckung unterworfen haben. Ich selbst ging aufgrund meiner Berufstätigkeit monatelang auf Abstand zu den älteren Mitschwestern meiner Ordensgemeinschaft, um diese zu schützen. Kein Händedruck, keine Umarmung, keine Berührung. In der Kapelle saß ich weit weg von ihnen. Noch nie zuvor hatte ich am eigenen Leib erfahren, was es heißt, isoliert zu sein. Jetzt spürte ich mit jeder Faser meines Körpers, wie sehr ich mich nach menschlicher Nähe sehnte. Und das, obwohl ich fortlaufend in Kontakt mit Menschen war, wenn auch nur mit Abstand oder übers Telefon.

Ebenso quälend ist das Gefühl der Einsamkeit. Sie ist die Kehrseite der Sehnsucht nach dem Wir. Schon der Gedanke, dass *andere* Menschen einsam sind, erweckt in uns den Schmerz des Mitleides. Wir wünschen und hoffen, dass sich jemand findet, der sich ihrer annimmt. Noch weniger aber wollen wir selbst einsam sein.

Als Psychotherapeutin begegne ich häufig Menschen, die sich einsam fühlen. Manche von ihnen haben tatsächlich niemanden, mit dem sie persönlich verbunden sind. Andere haben einen großen Freundeskreis oder leben in einer Familie, aber selbst wenn sie sich mitten unter ihnen befinden, fühlen sie sich einsam. Eine Klientin von mir brachte diese Erfahrung mit folgenden Worten zum Ausdruck: „Es ist absurd. Ich sitze mitten unter meinen Geschwistern, wir lachen, aber gleichzeitig ist mir zum Heulen und ich fühle mich elend und allein!"

Das Schmerzhafte an der Einsamkeit ist nicht nur das Gefühl, draußen zu stehen und nicht dazuzugehören. Sie erweckt in den betroffenen Personen darüber hinaus den Verdacht, falsch zu sein. Die dumpfe Vermutung, dass „irgendetwas nicht mit mir stimmt", führt zu Verunsicherung und Scham und bewirkt, dass sich die Betroffenen noch mehr zurückziehen.

Im schlimmsten Fall werden die Einsamkeit und der damit einhergehende Wunsch nach Verbundenheit und Angenommensein so unerträglich, dass Menschen sie tief in ihrem Inneren vergraben, sodass sie es selbst kaum mehr wahrnehmen. „Ich brauche niemanden. Am einfachsten lebt es sich, wenn man alleine ist." Mit solchen Sätzen schützen sie sich vor ihrer brennenden Sehnsucht. Es ist ein langwieriger und steiniger Weg, diese sukzessive ans Licht zu holen und neue Beziehungen zu entwickeln. Fast immer stehen hinter solchen Aussagen Verletzungen, Enttäuschungen und ein enormer Mangel an positiver Wir-Erfahrung. Und es bedarf einer großen Portion Mutes, sich auf die Suche nach anderen, gegenteiligen Beziehungserfahrungen zu begeben, und viel Zeit, um diesen zu vertrauen.

Das verlorene Ich

Neben der Einsamkeit nehme ich verbreitet ein Gefühl an Verlorenheit wahr. Die Theologin Mirjam Schambeck hat das mit dem Begriff der „Unbehaustheit"[5] treffend zum Ausdruck gebracht. Diese häufig latente Stimmung ist die Schattenseite der scheinbar grenzenlosen Freiheit, in der wir in Mitteleuropa leben.

Mobilität, Virtualität und Pluralität sind nur einige der Elemente, die zu diesem „unbehausten" Lebensgefühl führen. Wer an zwei verschiedenen Orten an zwei verschiedenen Arbeitsstellen arbeitet, hat es schwer, sich an einem Standort beheimatet zu fühlen. Wenn Gruppen, etwa per WhatsApp, virtuell und daher ohne gleichzeitige Anwesenheit stattfinden, gehen Überschaubarkeit und Verbundenheit verloren. Und wo Kameraeinstellungen und Farbfilter die Idee von Wahrheit und Wirklichkeit ins Reich der Vergangenheit verbannen, fallen grundlegende Sicherheiten weg. Die Folge ist, dass die Welt mehr als unendliches All, denn als schützendes Haus erlebt wird.

Dazu kommt, dass alles Bleibende in unserer Pop-up- und Start-up-Kultur mit Misstrauen beäugt wird. Flexibilität statt Stabilität und Progressivität statt Kontinuität lautet die geltende Devise.

Sehnsucht nach Verbindung

Je größer das Gefühl der Verlorenheit, umso größer wird die Sehnsucht nach Verbundenheit. Beides ist aber schwer greifbar, und es bedarf einer guten Portion an Aufmerksamkeit und Ehrlichkeit, um sich dessen bewusst zu werden. Gleichzeitig sind diese Gefühle umso wirksamer, je weniger wir über sie Bescheid wissen und sie uns eingestehen.

Dass die sogenannten sozialen Netzwerke im World Wide Web sich so großer Beliebtheit erfreuen, ist ein beeindruckendes Beispiel dafür. Social Media kommt dem Bedürfnis nach menschlichen Beziehungen und Verbindungen ebenso entgegen, wie es dieses schürt. Jugendliche, deren Eltern sich über den ausufernden Handykonsum ihrer Youngsters beklagen, schildern mir die Dynamik des Suchens, Fast-Findens und Noch-mehr-Suchens, in der sie sich erfahren, wenn sie sich durch Instagram, Snapchat oder Tiktok – morgen werden an dieser Stelle andere Namen stehen – scrollen. „Keine Verbindung" zu haben, gehört zu den schlimmsten Vorstellungen vieler Jugendlicher. Während sie einerseits den Wunsch und den Druck empfinden, virtuell präsent und dabei zu sein, erleben sie die übermäßige Beschäftigung mit ihrem Smartphone als sinnlos und Zeitverschwendung. Es geht mir nicht darum, das Phänomen Social Media zu verteufeln. Vielmehr halte ich es für notwendig, die dahinterliegende Sehnsucht zu entdecken und zu bergen. Es ist die Sehnsucht nach Verbindung und Verbundenheit. Sie gehört zum Innersten und damit zum Sensibelsten unseres Menschseins und bedarf eines behutsamen Umgangs.

Sehnsucht nach Zuhause

Wenn Menschen sich nach einem Wir sehnen, sehnen sie sich auch nach einem Ort der Geborgenheit, einem Daheim. Das familiäre Zuhause ist im guten Fall der erste Ort, an dem wir erfahren, dass wir in einer Gemeinschaft geborgen und gut aufgehoben sind.

Dieser Wunsch nach einem Zuhause wird gerne benutzt, um daraus wirtschaftliches oder politisches Kapital zu schlagen. Heimatfilme erleben einen Boom, parteipolitische Konzepte rücken den Begriff Heimat ins Zentrum und Gastronomiebetriebe vermitteln ihren Gästen mittels Sofa-Einrichtung und Bücherregalen Wohnzimmeratmosphäre. Das alles mit dem Ziel, Reichweiten, Wählerstimmen oder Umsätze zu lukrieren. Dass diese Strategien funktionieren, ist nur ein Indiz dafür, wie groß, um nicht zu sagen unstillbar, unser Wunsch nach einem guten Daheim ist.

Viel relevanter ist allerdings die Frage, wie Menschen die Fähigkeit erlangen, sich ein Zuhause zu schaffen, das ihrem Wunschtraum in der Realität entgegenkommt.

Ich erinnere mich an eine Bekannte, die lange an Alkoholismus litt. Sie hatte die Wohnung für sich und ihren Partner liebevoll gestaltet, dennoch hatte ich bei ihr stets das Gefühl, dass beide dort nie wirklich daheim waren. Immer weiter richtete sie das Haus ein, ohne dass es ihr gelang, es sich selbst dort mit ihrem Mann einzurichten. Wenn wir zu Gast bei ihnen waren, versorgten sie uns aufwändig und mit viel Aufhebens. Dafür zu sorgen, dass sie selbst gut aufgehoben waren, dazu waren sie außerstande.

Mit dem Wunsch nach Heimat eng verbunden ist die Sehnsucht nach Zugehörigkeit. Wer dazugehört, kann *wir* sagen. „*Wir* haben gewonnen", jubeln Fußballfans stolz beim Sieg *ihrer* Mannschaft. Besonders für Jugendliche ist es von großer Bedeutung, zu welcher Gruppe sie gehören.

Zugehörigkeit schafft Identität. Deutlich sichtbar wird das in vielen afrikanischen Kulturen. Dort bestimmt die Zugehörigkeit zu einer Familie oder einem Clan über berufliche Möglichkeiten, den Wohnort oder das Wahlverhalten. „In unserer Sippe wurden die meisten Schuster", erzählte mir ein Jugendlicher aus Somalia, mit dem ich nach Schulabschluss die lange Liste der Lehrberufe durchsah, um einen für ihn passenden Beruf zu suchen. Die Gestalt des Wir, dem ich mich zugehörig fühle, hilft, die eigene Gestalt zu finden. Wer in einem Sportverein aktiv ist, kann sagen: Ich bin Fußballer. Als Parteimitglied kann ich mich über meine politische Ausrichtung definieren.

In Österreich, vielleicht im gesamten mitteleuropäischen Raum sind langfristige Zugehörigkeiten im Schwinden. Vereine aller Art, religiöse Gemeinden oder politische Gruppierungen wissen ein Lied davon zu singen. Menschen scheuen sich, langfristige Zugehörigkeiten einzugehen. Daraus ergibt sich eine Leerstelle, nicht nur für die betroffenen Kommunitäten, sondern auch für die Einzelnen, denn der Wunsch nach einer beständigen Gemeinschaft bleibt bestehen.

Sehnsucht nach Mitgestaltung

Das Wir gibt uns nicht nur eine Gestalt, sondern auch einen Raum, um gestaltend tätig zu werden und sich kreativ zu entfalten. Sie haben sicher schon beobachtet, wie eifrig bereits Kleinkinder versuchen, zuhause mitzuhelfen, egal ob beim Kochen oder Handwerken. Eine ganze Spielzeugindustrie lebt davon. Mit Puppengeschirr, Spielzeugtraktoren und Kinderschneeschaufeln bringen sich die Kleinen unter höchstem Einsatz ins Familiengeschehen ein. Ich selbst erinnere mich, wie ich als Kindergartenkind mit einer Spielzeugscheibtruhe auf der Baustelle meines Onkels herumlief, ihm Ziegelsteine brachte und fest davon überzeugt war, dass meine Mithilfe jetzt dringend notwendig war, damit dieses Haus fertig gestellt werden konnte. Gott sei Dank wurde mir diese Überzeugung gelassen.

Der Missbrauch dieser kindlichen Sehnsucht gehört zu den grausamsten Phänomenen unseres internationalen Wirtschaftssystems. Dass Kinder ihre Familie unterstützen und aktiv bei deren Erhalt mithelfen möchten, ist die Bedingung der Möglichkeit, dass Kinderarbeit so gut funktioniert. Die Kleinen vollbringen auf tragische Weise wahre Höchstleistungen, um ihren Beitrag zum Familieneinkommen zu leisten, und ermöglichen damit gleichzeitig Konzernen eine billige Produktion.

Als Erwachsene setzt sich diese Sehnsucht fort, wenn auch in anderer Form. Ein Beispiel dafür sind die zahlreichen Arten ehrenamtlichen Engagements, ohne die unser soziales System, aber auch unser kulturelles Leben vermutlich nicht aufrechtzuerhalten wäre. Egal ob bei der freiwilligen Feuerwehr, der Musikgruppe oder einer karitativen Organisation: Im guten Fall finden Menschen jeden Alters dort eine Gemeinschaft, die ihnen neben Zugehörigkeit auch die Möglichkeit gibt, nicht nur etwas, sondern sich selbst einzubringen.

Immer wieder staune ich darüber, dass eine große Anzahl an Menschen zumindest in ihrem Familien- und Freundeskreis ein ausgeprägtes altruistisches Verhalten an den Tag legt, obwohl uns in Werbung und Medien ständig beigebracht wird, dass wir in erster Linie auf den eigenen Profit achten müssen. Viele Eltern enthalten sich vieles vor, um ihren Kindern „nur das Beste" zu ermöglichen. Ich darf am eigenen Leib erfahren, wie Freunde und Bekannte großen Einsatz leisten, um Feste für uns auszurichten oder uns im Kloster in Dingen zu unterstützen, die wir selbst nicht bewältigen können. Auch wenn das zum Teil moralisch motiviert sein mag, also auf Idealen wie Hilfsbereitschaft und Großzügigkeit beruht, finden wir dahinter auch den Wunsch, etwas zum großen Ganzen beizutragen.

Die Kehrseite ist das Gefühl der Nutzlosigkeit: Wer mit alten Leuten zu tun hat, weiß, wie sehr sie darunter leiden, wenn sie das Gefühl haben, nicht mehr gebraucht zu werden. Wie oft habe ich meine 100jährige Oma sagen gehört: „Ich bin zu gar nichts mehr gut!" Bis ins hohe Alter versuchte sie, ihren Teil zum Familienleben zu leisten, indem sie Wäsche zusammenlegte oder bügelte. Es genügt uns Menschen offensichtlich nicht, für uns selber da zu sein. Wir möchten auch für andere da sein.

Die Theologie nimmt diesen Wunsch, für andere da zu sein, so ernst, dass sie dafür einen eigenen Begriff entwickelt hat: *Proexistenz*, was so viel bedeutet wie „Sein im Für". Der Wiener Dompfarrer Toni Faber weist auf die zentrale Bedeutung dieser Dimension menschlichen Daseins hin, wenn er meint: „Seinen

Sinn im Leben durch die Haltung der Pro-Existenz zu finden, macht den Menschen zum Menschen."

RESONANZRAUM WIR

Zur Sehnsucht nach Mitgestaltung gehört untrennbar die Sehnsucht nach Resonanz. Wir alle möchten beantwortet werden in unserem Tun und Gestalten ebenso wie in unseren Fragen, Freuden, unserem Staunen. „Du, ich muss dir was erzählen …!" Das *Muss* in diesem Satz deutet schon darauf hin, wie notwendig wir Menschen brauchen, die nicht über uns räsonieren, sondern re-sonieren auf das, was uns bewegt. Am offensichtlichsten ist das in der Kunst. Der Applaus als Antwort auf das dargebrachte Werk vervollständigt erst das Konzert. Wie erbärmlich wäre doch ein Pianist, der sein Œuvre vor einem leeren Publikumssaal spielt, und wie sinnlos scheint ein Gemälde, das nicht betrachtet wird. Natürlich wird sich die Musikerin auch selbst an den Klängen erfreuen, die sie hervorbringt. Aber sie genügt sich darin nicht.

Wenn ich von Resonanz spreche, meine ich damit auch eine zumindest partielle Übereinstimmung. Es ist uns wichtig, dass Menschen unseren Meinungen zustimmen, dass das, was uns gefällt, auch anderen gefällt. Das kann zu vordergründig absurden Phänomenen führen, etwa dass es Enttäuschung auslöst, wenn mein Leibgericht dem Partner bzw. der Partnerin nicht schmeckt und er oder sie folglich meine Begeisterung darüber nicht teilen kann. Übereinstimmung verbindet nicht nur, sie bestärkt mich auch in dem, was ich denke und erlebe.

Die sozialen Medien spielen mit dem Wunsch nach Übereinstimmung und Resonanz. Wer sich in virtuellen Netzwerken bewegt, kennt den Sog, den die prominent platzierten Statistiken von Followern, Friends und Likes auslösen: „Mit diesem Beitrag konnten Sie so und so viele Leser:innen erreichen.", „Seit einem Monat haben Sie so und so viel an Reichweite, sprich Resonanz, verloren." So ist es kein Wunder, dass sich Prominente ebenso wie Jugendliche darum matchen, wer auf welchen Social-Media-Plattformen mit wie vielen Personen befreundet ist und wie groß die Resonanz auf die eigenen Postings ist.

Das Bedürfnis, sich mitzuteilen, und die Art der Resonanz bzw. deren Ausbleiben stehen in einer folgenschweren Wechselwirkung. Ein Beispiel aus dem Alltag: Wenn Sie für Ihr liebevoll bereitetes Mittagsmahl lautstarkes Lob ernten, werden Sie gern ein weiteres Mal zum Kochlöffel greifen. Wer hingegen für seine kulinarischen Bemühungen ignoriert, entwertet oder gar ins Lächerliche gezogen wird, bei dem wird die Motivation für weitere Kochversuche schwinden.

Eine parallele Dynamik findet sich auf gesellschaftlicher Ebene: Welche Formen von Partizipation und Mitgestaltung positiv beantwortet und dadurch verstärkt werden, bestimmt unser Verhalten erheblich. Wo Mütter Anerkennung dafür erhalten, dass sie bald nach der Geburt ihrer Kinder wieder ins Berufsleben einsteigen, werden sie das häufiger tun, als wenn sie dafür kritisiert werden. Wenn Jugendliche das Gefühl haben, dass ihre Stimmen im politischen Diskurs nicht gehört werden, wird ihr politisches Engagement versickern. Immer verstärkt oder schwächt die jeweilige Replik ein Verhalten, das der Sehnsucht nach Mitgestaltung entsprungen ist.

Wenn Kinder oder Erwachsene an nichts mehr teilhaben wollen, kann das darauf zurückzuführen sein, dass ihre Versuche dazu nicht wahrgenommen oder nicht adäquat gewürdigt wurden. Um dieser Dynamik zu entkommen, muss daher auch das Umfeld entsprechend sensibilisiert und gewissermaßen resonanzfähig gemacht werden.

Gemeinschaft als Entwicklungsraum

Noch eine Facette gilt es zu beachten, wenn von der Sehnsucht nach dem Wir die Rede ist. Das gemeinsame Denken, Reden und Tun ist eine unerschöpfliche Quelle für Inspiration und Entwicklung. Es gehört wohl zu den glücklichsten Momenten im menschlichen Dasein, wenn Familienmitglieder im gemeinsamen Spiel lustvoll wetteifern, wenn in einem Team ein kreatives Projekt entwickelt wird, in einem Lesekreis die Teilnehmer:innen sich gegenseitig mit Gedanken beflügeln. Wer diese Erfahrung gemacht und daran Geschmack gefunden hat, wird sich danach sehnen, sie wieder zu machen, in anderen Kontexten, mit anderen Personen. In Augenblicken gegenseitiger Inspiration wird erlebbar, was uns auch in den folgenden Kapiteln noch beschäftigen wird: Das gelungene Wir ist immer mehr als die Summe seiner Mitglieder. Es besitzt eine eigene Qualität und Kompetenz, die ein Einzelner nicht erreichen kann. Beziehung und Entwicklung heißen die zwei großen Sehnsüchte, die in uns Menschen leben, und nur das Miteinander bietet den Raum, in dem beide zugleich wirklich werden können.

Wenn in Gruppen gemeinsam etwas geschaffen wird, kommt das auch unserem Bedürfnis entgegen, Gebende und Nehmende zu sein. Wir wollen beschenkt werden, aber auch selbst anderen etwas schenken. Der Wunsch nach Geborgenheit lebt in uns ebenso wie der Wunsch, andere zu bergen. Sie haben sicher schon beobachtet, wie Kinder, die kaum dem Kinderwagen entwachsen sind, selbst einen Puppenkinderwagen vor sich herschieben und die darin schlafende Puppe liebevoll versorgen. Im nächsten Moment kann es, ausgelöst durch ein Erschrecken oder einen Sturz, notwendig sein, dass der daneben gehende Vater dasselbe Kind auf den Arm nehmen und es tröstend versorgen muss.

Sehnsucht nach dem vollkommenen Wir

Die Realität wird unseren Sehnsüchten und Wünschen oft nicht gerecht. Wir wünschen uns voneinander Solidarität und Treue. Wir wünschen uns eine Gemeinschaft, die unseren Bedürfnissen nach Halt und Heimat ebenso entgegenkommt wie unserem Wunsch nach Entfaltung und Anerkennung. Ja, wir wünschen uns eine Gemeinschaft, die uns letztlich *alles* gibt, was wir brauchen, die „eierlegende Wollmilchsau", wie eine meiner Kolleginnen zu sagen pflegt. Etwas philosophischer formuliert es der österreichische Arzt und Psychotherapeut Alfred Adler, wenn er das Streben nach Glück als *sub specie aeternitatis*[6] – unter dem Gesichtspunkt der Ewigkeit – charakterisiert. Wir wollen alles für alle. Es berührt mich immer wieder, wenn Kinder im freien Gebet den ebenso einfachen wie unverschämten Wunsch formulieren, „dass *kein* Mensch mehr Hunger leiden muss" oder „dass *alle* Menschen glücklich werden". Hand aufs Herz, sprechen sie uns damit nicht aus der Seele?

Zugleich wissen und erfahren wir, dass sich die Wirklichkeit, wir selbst eingeschlossen, als alles andere als vollkommen darstellt. Wir wünschen uns den Himmel auf Erden und müssen mitansehen, wie Menschen einander das Leben zur Hölle machen. Die unüberwindliche Kluft zwischen Anspruch und Realität begleitet uns durchs Leben. Es gilt, sie im eigenen Alltag wahrzunehmen, den Schmerz darüber auszuhalten und nicht müde zu werden im Versuch, sie zu verkleinern oder zu füllen.

Als Christin lebe ich in der Hoffnung, dass wir Menschen ein vollendetes Wir erfahren werden, allerdings nicht in dieser Welt, sondern im Reich der Ewigkeit. Soweit ich es überblicken kann, teile ich diese Überzeugung mit Gläubigen aus den meisten anderen Religionsgemeinschaften. Im interreligiösen Vergleich fällt auf, dass die verschiedenen Bilder, mit denen versucht wird, den Zustand der ewigen Vollkommenheit zu beschreiben, allesamt ein gemeinschaftliches Element enthalten: In der Bibel ist vom himmlischen Hochzeitsmahl die Rede, bei dem Menschen aus aller Welt rund um einen Tisch sitzen. Das Paradies, wie es im Islam vorgestellt wird, ist ein blühender Garten, in dem alle Gottesfürchtigen beisammen sind. Auch das buddhistische Konzept des Nirvana impliziert ein gemeinsames, von allem Irdisch-Beschwerenden befreites Dasein, das *alle* Wesen miteinschließt.

Für den Glaubenden geht die Sehnsucht nach dem gelungenen Wir jedenfalls nicht wie bei Sisyphos auf ein unerreichbares Phantasma hin, sondern findet im Letzten, wenn auch nicht auf Erden, seine Erfüllung. Die bleibende Spannung zwischen Wunsch und Wirklichkeit wird dadurch nicht nur erträglich, sondern im besten Fall auch fruchtbar.

ERKENNTNISSE AUS DER WISSENSCHAFT

Die Psychologie beschäftigt sich intensiv mit dem „universellen menschlichen Bedürfnis nach emotionaler Bindung und Zusammengehörigkeit"[7]. Die sogenannte „Bindungstheorie" beleuchtet verschiedene Formen von Beziehungserfahrungen und untersucht, welche Auswirkungen die unterschiedliche Beantwortung dieses Grundbedürfnisses auf Biographien und Persönlichkeitsstrukturen hat.

Psychodynamische Ansätze, wie wir sie etwa bei Sigmund Freud oder dem bereits erwähnten Alfred Adler finden, analysieren die Dynamik miteinander rivalisierender Bedürfnisse, also etwa, wie der Drang nach Freiheit mit dem Wunsch nach Nähe vereinbart werden oder eben in Konflikt geraten kann. Ein simples Beispiel: Wenn Sie in sich hineinhorchen, werden Sie bei sich den Wunsch nach Beziehung und zugleich eine Angst davor wahrnehmen, vielleicht die Angst, vereinnahmt, ausgenützt oder eingeengt zu werden. Es gehört zur Reife eines Menschen, dass diese Ambivalenz im Umgang mit sich und den anderen ausgehandelt und ausgehalten werden kann.

Als Körpertherapeutin ist mir besonders das Ineinander von leiblichem und seelischem Erleben wichtig. Wir wissen, dass die monatelange Isolierung von Menschen mit Demenz während der Covid-Pandemie den Fortschritt ihrer Krankheit tragisch beschleunigt hat – ein Indikator dafür, dass das Bedürfnis nach Kommunikation und Gemeinschaft auch in Hinblick auf physische Gesundheit relevant ist.

Die Entwicklungspsychologie zeigt auf, wie notwendig für gesundes Aufwachsen positive Körpererfahrungen und Berührungen sind. „Aufbau von Bindungssicherheit braucht einen Körper"[8], schreibt der Psychologe Thomas Harms in seinem Buch „Emotionelle Erste Hilfe". Dabei geht es nicht in erster Linie um die Quantität körperlicher Nähe, sondern vor allem um deren emotionale Besetzung.

Dank der Hirnforschung wissen wir, dass Körperkontakt für die neuronale Ausformung des Gehirns unabdingbar ist. So werden etwa durch sanftes Streicheln oder einen freundlichen Händedruck genau jene Nervenzellen aktiviert, die den Hormonhaushalt so beeinflussen, dass es zu Glücksgefühlen und Entspannung kommt. Je öfter diese Nerven angeregt werden, umso stärker prägen sie sich aus. Auch das Immunsystem wird durch ausreichende „Streicheleinheiten" gestärkt, die Anfälligkeit für Krankheiten sinkt. Der Wahrnehmungspsychologe Martin Grunwald bringt es prägnant zum Ausdruck: „Wir brauchen adäquaten Körperkontakt für gesundes Leben und für einen guten Zusammenhalt in der sozialen Gemeinschaft."[9]

Die Erkenntnisse von Psychologie und Soziologie belegen also, was wir instinktiv wissen: Wir brauchen einander, um glücklich zu werden.

GLÜCK BRAUCHT GEMEINSCHAFT

Speziell als Kinder und Jugendliche sind wir in hohem Maß vom Umfeld, von der Gesellschaft, in der wir aufwachsen, abhängig. Das Beziehungsnetz, das uns umgibt, prägt unausweichlich unser Lebensgefühl, unsere Werthaltungen und Denkmuster. Ich bin eben nicht allein „meines Glückes Schmied", wie uns das Sprichwort suggeriert. Ich brauche andere, um glücklich zu werden.

Das Wort „Abhängigkeit" klingt in unseren Ohren unangenehm. Wir nehmen unsere Bedürftigkeit nur ungern zur Kenntnis. Manch einer mag sie als Kränkung oder Herabsetzung der eigenen Fähigkeiten empfinden.

Wer seine Bedürftigkeit nach einem Miteinander als demütigend erfährt, kann leicht in das fatalistische Gefühl des Ausgeliefertseins kippen und verzweifeln. Andere verdrängen ihren Wunsch, der sich dann aber auf unbewusste Weise immer wieder einmischt. Dem uneingestandenen Bedürfnis nach Begegnung und Beziehung wird dann auf verdeckte, verstohlene Weise nachgegangen.

Menschen nehmen oft viel in Kauf, um ihr Bedürfnis nach Verbundenheit zu stillen. Sie passen sich an, um nicht von ihrer Umgebung abgelehnt zu werden. Sie finden an allem Gefallen, was anderen gefällt, und lachen, wenn sie ausgelacht werden. Sicherlich kennen Sie einige von jenen immer freundlichen Personen, bei denen nach jeder Begegnung doch das Unbehagen bleibt, nicht zu wissen, mit wem man es zu tun hatte. Diese Menschen haben perfekt gelernt, sich so zu verhalten, wie sie glauben, dass man es von ihnen erwartet. Dahinter verbirgt sich der unendliche Wunsch, akzeptiert zu werden, dabei sein zu dürfen.

Auf der anderen Seite stehen Menschen, denen das Risiko, von anderen abgewiesen zu werden, zu hoch ist. Sie haben nach zahlreichen Enttäuschungen und vergeblichen Versuchen ihr Bedürfnis nach Dazugehören und Bindung in die hinterste Ecke ihres Herzens geräumt. „Selbst ist die Frau!", heißt es dann, und: „Man muss schon selbst schauen, wo man bleibt." Es folgen der „freiwillige" Rückzug in die innere oder äußere Isolation und jene Formen von Glückssuche, die bereits beschrieben wurden: diverse Formen von Selbstverwirklichung und Selbstoptimierung, die im schlimmsten Fall in Hass und Menschenverachtung münden.

An dieser Stelle, verehrte Leserin, verehrter Leser, höre ich Ihren Einwand: „Sehr wohl bin ich meines Glückes Schmied. Jeder muss sein Glück selbst finden." Ich gebe Ihnen vollkommen Recht. Natürlich haben wir ein beträchtliches Ausmaß an Verantwortung, Gestaltungsmöglichkeit und Entscheidungsspielraum für uns selbst.

Das Ich und das Wir gehören zusammen wie zwei Waagschalen. Die Balance kann nur gehalten werden, wenn beide ausgeglichen gewichtet sind, und es wäre sinnwidrig, die eine Seite gegen die andere auszuspielen. De facto leben wir aber in einer

Zeit und einem Umfeld, wo dem Individuellen mehr Gewicht beigemessen wird als dem Gemeinschaftlichen. Wie oft habe ich schon den Satz „Schau auf dich!" gehört. Ich kann mich aber nicht erinnern, dass jemand zu mir gesagt hätte: „Schaut's auf euch!" Und wie oft wird darauf hingewiesen, man müsse lernen, „sich abzugrenzen". Das mag in gewissen Situationen tatsächlich nötig sein, aber wäre es nicht ebenso wichtig zu lernen, sich zu überschreiten, sich hinzugeben?

An dieser Stelle ist es mir wichtig, darauf hinzuweisen, dass ich mich ausschließlich auf die mitteleuropäische Kultur und Mentalität beziehe, wenn ich von der Dominanz des Ich gegenüber dem Wir spreche. Ich durfte viele Personen vor allem aus mittelafrikanischen und zentralasiatischen Ländern kennenlernen, die das Leben in Verbundenheit gewissermaßen mit der Muttermilch aufgesogen haben und deren Lebensstil auch nach ihrem Umzug nach Österreich davon geprägt ist. Von ihnen habe ich gelernt, dass man die Welt auch aus einem ganz anderen Blickwinkel sehen kann und dass meine Vorstellungen als Österreicherin keineswegs der Weisheit letzter Schluss sind.

Selbstverständlich denke ich, wenn ich von der Notwendigkeit des Wir spreche, an ein gesundes, gelungenes Miteinander. Jeder von uns hat schon defiziente Formen kennengelernt, sei es in malignen Familiensystemen, in mobbenden Schulklassen oder autoritären Gesellschaften. Davon ist hier selbstverständlich nicht die Rede. Die Geschichte hat uns gezeigt, dass durch die Deformierung von Kommunitäten aller Art, etwa zur Autokratie oder zum Mob, sich der Schwerpunkt tendenziell wieder zum Ich verschiebt: Es entsteht ein Sog, in dem jeder nur mehr um sein eigenes Überleben kämpft. Zugleich werden widerständige Gruppierungen von den wenigen Mächtigen nach Möglichkeit unterdrückt oder vernichtet.

Wenn ich also in den folgenden Kapiteln den Fokus auf das Gemeinschaftliche lege, dann mit dem Ziel, auf eine Dimension des Menschseins hinzuweisen, die meiner Wahrnehmung nach deutlich unterbelichtet ist. Wie einen Scheinwerfer in eine Ecke, die häufig im Dunkel liegt, möchte ich Ihr Augenmerk auf übersehene Facetten und unausgeschöpfte Potentiale unseres Erlebens und Verhaltens richten und Anstöße geben, damit Wir und Ich in ein harmonisches Verhältnis finden.

Mit der Suche nach dem Glück im Wir habe ich begonnen. Möglicherweise kann das gemeinsame Suchen selbst schon Ausgangspunkt für ein neues Wir sein. So wie ein Mitbruder geantwortet hat, als er gefragt wurde, warum er ins Kloster eingetreten ist: „Weil ich Gott suche. Nein: Weil *wir* Gott suchen!"

II.
DAS WIR ALS FAKT

WIE GEMEINSCHAFT ENTSTEHT

Während wir uns noch nach dem Wir sehnen, stellen wir fest, dass wir längst mitten in ihm sind. Unumgänglich sind wir in verschiedenste Formen von Sozietäten eingebunden, gewollt oder ungewollt. Wenn Sie Ihren letzten Tag Revue passieren lassen, werden Sie bemerken, dass Sie auf vielfältige Art Teil einer Gruppe oder Gemeinschaft gewesen sind, zu Hause, in der Arbeit, vielleicht sogar am Weg von da nach dort. Wir bewegen uns darin so selbstverständlich wie in der Luft, die wir nicht sehen und ohne die wir doch nicht leben können. So unbemerkt leben wir in diesen Kontexten, dass wir oft gar nicht wahrnehmen, wie sie uns prägen und beeinflussen. Eindrücklich habe ich das selbst im Zuge eines Krankenhausaufenthalts erfahren, bei dem ich in einem der früher üblichen Sechsbettzimmer untergebracht war. Ich befand mich schon auf dem Weg der Besserung, als unerwartet mein Fieber wieder stieg. Kein Arzt konnte sich das erklären, bis sich zufällig in einem Gespräch mit den Zimmergenossinnen herausstellte, dass zwischen zweien von ihnen ein unterschwelliger, aber heißer Konflikt ausgebrochen war. Ich stand oder besser gesagt ich lag genau dazwischen. Die aufgeheizte Stimmung zwischen den beiden, der ich vierundzwanzig Stunden am Tag ausgesetzt war, hatte meine Körpertemperatur steigen lassen. Sie sank in dem Moment, in dem ich diesen Zusammenhang erkannte.

Wenn wir uns fragen, wodurch dieses immer schon vorhandene Wir entsteht und worin es besteht, kann zunächst festgehalten werden, dass die Grundvoraussetzung dafür schlicht unser gemeinsames Menschsein ist. Bei allen kulturellen und charakterlichen Unterschieden, die oft so in den Vordergrund gestellt werden, gibt es doch eine ganze Reihe von Merkmalen, die für ausnahmslos alle Menschen gelten, die gewesenen und die zukünftigen eingeschlossen. Es ist erstaunlich, wie viele solcher verbindenden Elemente man entdeckt, wenn man sich die Mühe macht, darüber nachzudenken. Alle Menschen haben Hunger und Durst, schlafen ein und wachen nach Traum und Nacht wieder auf. Ausnahmslos jeder Mensch hat Mutter und Vater, fühlt Wärme und Kälte, kennt Angst, Freude, Leid. So fremd kann Ihnen eine Person gar nicht sein, dass Sie sie nicht verstehen, wenn sie Ihnen von ihren Zahnschmerzen erzählt. Diese und noch viel mehr Elemente gehören zur *conditio humana* und sind die Bedingung der Möglichkeit, dass wir einander verstehen und Zusammengehörigkeit entstehen kann. Die Idee und der Begriff der „Menschheitsfamilie", wie er etwa in der UN-Erklärung der Menschenrechte verwendet wird, basiert auf diesen universalen Attributen des *homo sapiens sapiens*.

Einigkeit und Differenz

Damit sich innerhalb des großen Ganzen der Menschheit ein kleineres, definierbares Wir bilden kann, braucht es einen zusätzlichen gemeinsamen Nenner, ein konkretes verbindendes Element. Das kann ein äußeres Merkmal sein. Fußballmannschaften formen sich nach Altersgruppen, Blinde schließen sich zu Interessensverbänden zusammen und Gehörlose bilden eine Gruppe, innerhalb derer sie kommunizieren können.

Auch ein gemeinsamer Wert kann Ausgangspunkt dafür sein, dass Menschen sich zusammenfinden. Denken Sie an Aktivist:innen, die sich für Menschenrechte oder für den Klimaschutz einsetzen. Das verbindende Element ist nicht nur konstitutiv für die Gruppe, sondern gibt ihr auch ein spezifisches Gepräge. Ein Blindenverband wird sich anders gestalten als eine Umweltschutzorganisation, ein Sportclub anders als eine politische Partei. Die Frage nach dem gemeinsamen Nenner ist entscheidend sowohl für die Struktur, vor allem aber für den Charakter einer Gruppierung. Das betrifft besonders Sozietäten, die ideologisch begründet sind. Setzt man sich *für* oder *gegen* etwas ein? Gibt es ein gemeinsames Ziel oder einen gemeinsamen Feind? Sind die Anliegen auf die eigene Gruppe beschränkt oder besteht eine missionarische Ausrichtung, die über die eigenen Mitglieder hinausgeht? Die Antworten auf diese Fragen, wie sie nicht nur theoretisch vertreten, sondern praktisch gelebt werden, bestimmen Gestalt und Atmosphäre, die in der jeweiligen Gruppe herrschen, und es ist wichtig, darüber immer wieder zu reflektieren. Gut erkennbar werden die Unterschiede bei Demonstrationen mit unterschiedlichen Anliegen. Wer beides miterlebt hat, weiß, dass sich die Stimmung auf der Demonstration vor dem Opernball signifikant von einem Lichtermeer nach einem Terroranschlag unterscheidet.

Darüber hinaus gibt es noch jene Formen des Wir, die ihr ganz eigenes Wesen haben und die wir uns nicht oder nur begrenzt aussuchen können: Familie, Schulklassen und Volksgruppen gehören dazu. Wir werden mehr oder weniger in sie hineingeboren, und der gemeinsame Nenner besteht lediglich in genau dieser schicksalhaften Zugehörigkeit. „Was kann ich dafür, dass ich in meiner Familie zur Welt gekommen bin?!", beklagte sich unlängst ein Jugendlicher bei mir. Auf die dabei mitausgesprochene Unfreiwilligkeit werden wir noch zu sprechen kommen.

Wenn wir von *der* Familie oder *dem* Volk reden, wird deutlich, dass wir die jeweilige Sozietät als ein Ganzes, eine Einheit betrachten. Indem sich einzelne Menschen, „Subjekte", zu einer Gemeinschaft verbinden, entsteht ein neues Subjekt. Die Philosophin Edith Stein schreibt: „Über dem ‚Ich' und ‚Du' erhebt sich das ‚Wir' als Subjekt höherer Stufe."[10] Ganz selbstverständlich schreiben wir diesem „höheren Subjekt" wie einem Individuum ein Handeln, Erleiden und Fühlen zu. „Steht Griechenland vor dem Bankrott?", titelten die Zeitungen im Zuge der Eurokrise, oder: „Ganz Großbritannien trauert!" nach dem Tod der Queen. Auch in der Grammatik kommt das zum Ausdruck. Die Sprache stellt uns eine ganze Reihe von Wörtern zur Verfügung, in denen ein Plural von Individuen mit einem Begriff im Singular zusammengefasst wird: „Die Regierung hat beschlossen", sagen wir wohl wissend, dass sich hinter einem solchen Beschluss eine Anzahl an Personen mit unterschiedlichen Meinungen und Anliegen verbirgt. Wir sprechen in der Einzahl und meinen eine Mehrzahl.

Ebenso elementar wie das Verbindende ist für das Wir auch dessen Differenziertheit. So wichtig das Gemeinsame für das Bestehen einer Gruppe ist, so fundamental ist auch die Unterschiedlichkeit ihrer Mitglieder. Eine Familie konstituiert sich gerade durch ihre dazugehörigen Rollen. Zu einer funktionsfähigen Regierung gehören die verschiedenen Ministerien. Und ein Orchester wird ein solches erst durch die Vielfalt an Instrumenten. Im Neuen Testament der Bibel kommt die Notwendigkeit der Differenzierung im Bild des Leibes zum Ausdruck: „So aber gibt es viele Glieder und doch nur einen Leib", schreibt Paulus in seinem Brief an die streitende Christengemeinde in Korinth und fragt: „Wenn der ganze Leib nur Auge wäre, wo bliebe dann das Gehör? Wenn er nur Gehör wäre, wo bliebe dann der Geruchssinn?"[11]

Wo Verschiedenheiten geleugnet oder unterdrückt werden, wird eine Gruppe handlungsunfähig und zerfällt. Auf diese Gefahr machen uns die Expert:innen der Gruppendynamik aufmerksam. Die sogenannte Feldtheorie nach Kurt Lewins stellt sogar eine direkte Proportionalität von Verschiedenheit und Gemeinsamkeit fest. Je stärker das Verbindende in einer Gemeinschaft präsent ist, umso mehr können Unterschiedlichkeiten nicht nur ausgehalten, sondern bereichernd für das Ganze werden. „Ein gelingender Gruppenprozess führt nach diesem Modell nicht ausschließlich zu einer verstärkten Integration und Kohäsion der Gruppe, sondern auch zu einer stärkeren Differenzierung."[12]

Die Dynamik des Wir

In jeder Gemeinschaft entfalten sich Rollen. Unglaublich schnell kristallisieren sich Führungspersonen ebenso heraus wie Mitläufer:innen, Wortführer:innen, Zuhörer:innen oder Kritiker:innen. Diese Rollen nehmen wir oft ein, ohne uns dessen bewusst zu sein. Auch an dieser Stelle sind die Erkenntnisse der Gruppendynamik aufschlussreich. Sie benennt häufig auftretende Rollen und stellt Werkzeuge zur Verfügung, um deren Entstehung, Entwicklung und Zusammenspiel zu analysieren sowie, falls nötig, Verbesserungsmöglichkeiten zu erarbeiten. Für den Einzelnen kann es spannend sein, sich ab und an zu fragen, in welchen Positionen man sich gehäuft wiederfindet. Ebenso lohnenswert ist es zu beobachten, warum eine vertraute Rolle in der einen Situation gelingt, in der anderen aber nicht. Das Experimentierfeld ist groß. Das kann in der Kaffeepause am Arbeitsplatz ebenso sein wie bei der Diskussion in einer Vereinssitzung. Mit der Frage nach der Rolle stellt sich, das sei hier nur am Rande erwähnt, gleichzeitig die Frage nach der Macht. Machtkonstellationen sind unvermeidlich und zugleich vielschichtig. So kann es neben einer formalen Leitungsperson auch einen „geheimen Chef" geben. Oder aber Machtstrukturen sind nicht ausreichend geklärt, sodass Positionen fluktuieren und eine permanente Instabilität besteht. Wie immer die Verhältnisse sind, in jedem Fall ist es sinnvoll, aufmerksam dafür zu sein und sie mit den eigenen Vorstellungen und Wünschen abzugleichen.

Wenn wir von der Dynamik einer Gruppe reden, ist darin impliziert, dass Gemeinschaft etwas Lebendiges ist. Anders gesagt: Das Wir *ist* nicht, sondern es *ereignet* sich. Gleich einem Lebewesen befindet es sich in permanenter Veränderung. Diese Veränderung entsteht einerseits durch die persönliche Entwicklung der einzelnen Mitglieder. Ebenso wandeln sich die Beziehungen der Gruppenmitglieder untereinander.

Nicht zuletzt tragen die sich verändernden Verhältnisse in und zur Umwelt zu diesen Transformationsprozessen bei. In diese komplexen Vorgänge wird der Einzelne wie in einen Sog hineingezogen. Familienromane wie die „Buddenbrooks" sind einprägsame literarische Zeugnisse davon. Sie erzählen vom unablässigen Zusammenspiel von persönlicher Entfaltung, einem sich umgestaltenden Umfeld und sich wandelnden Beziehungskonstellationen. Das führt dazu, dass wir uns verblüffend schnell in Situationen finden, in denen wir uns kaum wiedererkennen. Man stimmt ein in den Chor jener, die auf die Vorgesetzte schimpfen, oder lästert gemeinsam über eine Kollegin. Findet man sich wenig später mit dieser alleine, stellt man fest, dass man sich eigentlich gut mit ihr unterhalten kann. Sich diesen Tendenzen zu entziehen, bedarf eines starken Selbst-Bewusstseins im ursprünglichen Sinn des Wortes. Nicht umsonst spricht man von der Herausforderung, gegen den Strom zu schwimmen.

Die jeder Gruppierung innewohnende Dynamik ist Ausgangspunkt für viele Konflikte. Diese können sich an entstehenden Differenzen wie Meinungsverschiedenheiten ebenso entzünden wie an ungünstigen Rollenverteilungen. Die permanente Veränderung einer Gruppe bedarf der ständigen Adaptierung ihrer Mitglieder an die neuen Verhältnisse – eine Anstrengung, die wir meist unbewusst vollbringen und die manchmal auch misslingt und misslingen darf. Mir selbst wird das bewusst, wenn ich nach längerer Abwesenheit zurück in meine Ordensgemeinschaft komme. Ich habe noch kein „Feeling" dafür, was bei meinen Mitschwestern gerade los ist, und es dauert einige Zeit, bis wir wieder in ein harmonisches Miteinander gefunden haben. Wir müssen erst „zusammenwachsen", sagen wir, und das Verb wachsen bringt genau jenen Adaptionsprozess ins Wort, den jede von uns fortlaufend zu leisten hat.

Neben allem Konfliktpotential birgt das Wir aber vor allem einen Reichtum an Möglichkeiten, der bei größeren Gruppen ins Unendliche wächst. Die Offenheit für das Miteinander bietet „ungeahnte Möglichkeiten der Entwicklung"[13], schreibt der Gehirnforscher Gerald Hüther in seinem Buch „Verbundenheit", in dem er sich klar gegen alle Tendenzen zur individualistischen Verengung ausspricht.

Der fundamentale Unterschied zwischen dem Sein mit sich selbst und dem Sein mit anderen wird deutlich, wenn wir uns Situationen vor Augen führen, in denen wir die gleiche Tätigkeit einmal alleine und einmal mit anderen verrichten: die Sängerin etwa, die ein Lied für sich zu Hause oder im Chor übt. Für manche Aktivitäten ist ein Miteinander überhaupt erst die

Bedingung der Möglichkeit. Denken Sie etwa an Spiele, die erst ab einer gewissen Anzahl von Personen möglich oder lustig werden. Viele Karten- oder Würfelspiele gehören dazu. Alle passionierten Spieler:innen wissen um den enormen Unterschied zwischen einer Partie zu zweit, zu dritt oder in größerer Runde. Eine Runde Dreierschnapsen etwa ist in seiner Varietät einem „Bummerl" Zweierschnapsen um Meilen voraus. Und was für ein Spielraum eröffnet sich doch bei einem Rummikub mit vier Teilnehmer:innen im Vergleich zu einer Partie zu zweit.

Nicht umsonst wird als Gruppe stets eine Anzahl von *mehr* als zwei Personen bezeichnet. Ein Paar unterscheidet sich in seinem Charakter deutlich von einer Gemeinschaft ebenso wie ein Dialog von einem gemeinschaftlichen Gespräch.

Paaren eignet etwas Exklusives, etwas, das eine große Anziehungskraft besitzt. Der bzw. die andere ist mein „Ein und Alles", und ich bin alles für mein Gegenüber. Das Exklusive bringt aber auch eine Verantwortung mit sich, die zur Forderung oder Überforderung werden kann. Wo ich alles bin, wird auch alles von mir erwartet. Schnell kippt dann das Zueinander in ein Gegeneinander. Der Weg vom Dinner for Two zum Duell ist nicht weit.

Das Ausschließliche der dyadischen Konstellation hat auch etwas Ausschließendes. Paare können in ihrer Zweisamkeit die ganze Welt rund um sich vergessen. Sobald sich Paare öffnen für andere und diese in ihre Beziehung hineinnehmen, sind sie keine Dyade mehr, sondern verwandeln sich in eine Gruppe. Aus dem Paar wird eine Familie, aus dem Doppel ein Team.

Spätestens seit dem Werk „Ich und Du" des Religionsphilosophen Martin Buber wird der Wert des Dialogischen immer wieder und von verschiedensten Seiten betont. Auch psychologische Forschungen haben sich, wie wir noch sehen werden, intensiv mit der Bedeutung von dyadischen Beziehungen befasst.

Das ist aus meiner Sicht eine Vereinfachung und Verkürzung. Es bereichert, den Blick zu erweitern auf das Potential, das in der Beziehungsvielfalt von Gemeinschaften besteht.

Wir-Erfahrungen prägen uns nachhaltig. Das gilt nicht nur für die Gruppierungen, in denen wir uns aktuell bewegen, sondern auch für jene, denen wir in der Vergangenheit zugehörten. Sie üben einen langfristigen Einfluss auf unser Verhalten, Fühlen und unsere Werthaltungen aus. Das betrifft insbesondere die beiden Sozietäten, die nicht unserer freien Entscheidung unterliegen, weil wir ihnen von Geburt an zugehören: die Familie und die nationale bzw. ethnische Zugehörigkeit.

FAMILIE: VON GEBURT AN VERBUNDEN

Dass die familiäre Gemeinschaft, in der wir aufwachsen, unsere Persönlichkeit maßgeblich mitbestimmt, gehört zum psychologischen Allgemeinwissen. Ihr Einfluss beginnt lang vor unserer Geburt. Schon beim Akt der Zeugung ist ein umfassendes Wir präsent. In die Verbindung von Ei- und Samenzelle gehen nicht nur Erbinformationen von Mutter und Vater ein, auch vorhergehende Generationen sind darin enthalten. Wir erkennen das äußerlich an Ähnlichkeiten zwischen Opa und Enkel, Tante und Nichte. Einen bedeutenden Eindruck hinterlassen weiters die pränatalen Erfahrungen des Fötus im Uterus auf das sich entwickelnde Menschenkind. Studien zu diesem Thema haben etwa gezeigt, dass das Erregungsniveau von Säuglingen erhöht war, wenn diese sich vorgeburtlich in einer traumatisierenden Situation befunden hatten. Die Mitwelt, in der sich die Mutter befindet, ist zugleich die Mitwelt des heranwachsenden Babys.

Besonders die in den 1920er Jahren entstehende Objektbeziehungstheorie untersuchte, wie frühkindliche Erfahrungen mit ihren Bezugspersonen sich auf die spätere Wahrnehmung und Gestaltung von Beziehungen auswirkten. Sie wandte sich damit gegen eine Verengung der Psychoanalyse, die menschliches Verhalten überwiegend aus inneren Vorgängen erklären wollte. Dabei lag das Augenmerk, den damalig geltenden Rollenbildern geschuldet, auf der Beziehung zwischen Mutter und Kind. Auch wenn in der aktuellen Forschung die Bedeutung des Vaters stärker hervorgehoben wird, bleiben Erklärungsansätze oft auf dyadische Strukturen beschränkt. Aus dem berühmten Experiment der sogenannten Fremde-Situation etwa, in dem ein Kleinkind für eine gewisse Zeit von seiner Mutter getrennt und sein Verhalten bei deren Rückkehr beobachtet und klassifiziert wird, hat man unterschiedliche Bindungsmuster hergeleitet. Dass ein Kind aber nie mit seiner Mutter allein aufwächst, sondern dass beide in einen größeren familiären und gesellschaftlichen Kontext eingebunden sind, bleibt außer Acht – wohl aus Gründen der Mess- und Valorisierbarkeit. Es wird nicht berücksichtigt, dass elterliche Prägung nie im luftleeren Raum, sondern im Kontext eines Beziehungsgeflechts stattfindet, das vielschichtig wirksam ist.

Dennoch bleibt es das Verdienst der Bindungsforschung, die Bedeutung der familiären Gemeinschaft für die Entwicklung des Individuums im gesellschaftlichen Bewusstsein verankert zu haben. Eine Anamnese des Ich ohne die Exploration des dazugehörigen Wir wäre unvollständig. Darin sind sich Psychologie und Therapie heute einig.

Das familiäre Wir erstreckt sich auch auf jene Familienmitglieder, die nicht physisch präsent sind. Häufig sind es Väter, die durch Abwesenheit glänzen. Immer wieder erlebe ich, wie Kinder insgeheim auf den Anruf ihres Papas zum Geburtstag warten, selbst wenn ein solcher noch nie stattgefunden hat. Manchmal möchten Kinder auch ein Familienmitglied aus ihrem Leben verbannen, meist nach Erfahrungen von Gewalt, Missbrauch oder schwerer Vernachlässigung. Diese Versuche sind zum Scheitern verurteilt. Selbst wenn alle Fotos gelöscht und Kontakte blockiert sind, tauchen die Bilder von Mutter oder Vater in Träumen oder andrängenden Gedanken wieder auf. Sogar wenn Kinder ihre leiblichen Eltern oder Geschwister niemals kennengelernt haben: Die Fragen, wer und wie sie waren, warum sie nicht da sind und viele andere mehr, stellen sich völlig ungefragt immer wieder.

Die Eingebundenheit in die Familie geht nicht nur über räumliche Distanzen hinweg, sondern erstreckt sich zugleich über Generationen. Auch wenn Angehörige längst verstorben sind, der Stempel, den sie uns aufgedrückt haben, bleibt sichtbar und bestimmt mit, wer wir sind. Tote, Lebende und noch Kommende sind auf diese Weise miteinander verbunden.

Nicht nur physische Merkmale, auch emotionale Muster und Werthaltungen werden über Jahrhunderte hinweg von Generation zu Generation weitergegeben und übernommen. Wie sollte es sonst möglich sein, dass sich trotz des Verbots von Adelstiteln in Österreich vor über hundert Jahren Personen noch immer über ihre adelige Herkunft definieren und die damit verbundenen Traditionen pflegen? Dass die Kaiserhymne nach wie vor zu den entsprechenden Feiertagen in einer wohlgefüllten Kirche mit Inbrunst gesungen wird, ist ein bezeichnendes Beispiel dafür.

Ein Aspekt, der in der psychologischen Forschung wenig Beachtung findet, ist die reziproke Beeinflussung, die in Familien stattfindet. Nicht nur Eltern prägen ihre Kinder, auch Kinder ihre Eltern. Aus Frauen werden Mütter, aus jungen Burschen Väter, und es ist immer wieder erstaunlich, wie sich Menschen durch die Geburt eines Babys verändern. Auch hier gilt, dass diese Prozesse sich nicht nur zwischen Eltern und Kind abspielen. Die Geburt jeden Kindes verändert die gesamte Konstellation und betrifft jedes Familienmitglied. Vielleicht haben Sie schon an Freund:innen unerwartete Seiten entdeckt, als diese durch die Geburt eines Enkels zu Oma und Opa wurden. Kollegen haben mir eindrücklich erzählt, wie durch die Geburt ihres dritten Kindes „alles anders" geworden ist. „Unser gesamtes Familienleben wurde über den Haufen geworfen." Es war nicht mehr möglich, dass Papa mit der Kleinen in Ruhe Buchlesen ging, während die Große mit Mama im Bad war, denn auf einmal wollte da noch jemand versorgt werden.

Der Einfluss der einzelnen Familienmitglieder aufeinander bleibt bestehen, auch wenn die Kleinen groß und flügge geworden sind. Ich bleibe Kind, Mutter, Schwester, Bruder bis zu meinem Tod, egal wie das Verhältnis zu meiner Familie faktisch aussieht. Es lohnt sich, wenn werdende Eltern sich damit auseinandersetzen, dass mit der Geburt ihrer Kinder eine lebenslange Verantwortung und Veränderung auf sie zukommt. Die Bindungstheoretikerin Mary Ainsworth spricht von einem „imaginären Band"[14], das sich nur verdrängen, aber nicht eliminieren lässt.

Schmerzlich spürbar wird das dort, wo Menschen einander viel schuldig bleiben oder der Kontakt abgebrochen wurde. Es bewegt mich immer, wenn ich Angehörige im Zuge eines Sterbefalles kontaktiere. Selbst wenn sie jahrelang nichts voneinander gehört haben, erzählen die Hinterbliebenen, wie präsent die vermisste Mutter oder der gesuchte Sohn in ihren Gedanken geblieben war.

Das Band zu verstorbenen Familienmitgliedern kann aber auch positiv wirksam sein. Gar nicht so selten gelingt es Menschen, aus der Verbindung zu einem Toten Kraft und Ermutigung zu schöpfen, sei es im Gebet oder in imaginierten Gesprächen am

Grab. Für die christliche Tradition ist diese Verbindung zwischen Lebenden und Toten so essentiell, dass sie sogar ins Credo, eine Zusammenfassung des christlichen Glaubens, aufgenommen wurde: „Ich glaube an die Gemeinschaft der Heiligen", heißt es da, und gemeint ist die Gemeinschaft mit allen Menschen, die (unabhängig von einer offiziellen kirchlichen Heiligsprechung) vor Gott als heilig gelten, ob sie nun vor oder mit uns gelebt haben.

DER MENSCH – EIN SOZIALES WESEN

Das Wir, in dem wir aufwachsen, ist nicht nur lebensbestimmend, sondern auch lebensnotwendig. Ein Neugeborenes, das nicht von seiner Umwelt aufgenommen und versorgt wird, ist zum Tode verurteilt. Im Gegensatz zu vielen Tieren, die von Anfang an allein lebensfähig sind, kann der Mensch allein nicht überleben. Schon mit dem ersten Schrei ruft er nach Zuwendung, nach Beziehung.

Wie existenziell die soziale Einbindung auf allen Ebenen ist, zeigt uns die Neurowissenschaft auf. Computer und Roboter können menschliche Nähe nicht ersetzen. Damit Nerven- und Stoffwechselsystem sowie das Gehirn sich adäquat entwickeln, braucht es nicht nur Versorgung durch Nahrung und physische Wärme, sondern auch zwischenmenschliche Kommunikation und emotionale Zuwendung. Wenn das Baby nicht ausreichend davon erhält, verkümmern die Nerven, das Körperwachstum verlangsamt sich und das Immunsystem bleibt schwach. Auch sprachliche und geistige Fertigkeiten entfalten sich nur mangelhaft. Die Neuropsychologie setzt daher mittlerweile das Beziehungssystem auf eine Ebene mit anderen basalen Vitalsystemen wie Sexualität und Nahrungsaufnahme.[15]

Die von der Biologie konstatierte Überlebensnotwendigkeit des Wir für das Ich ist aus der Perspektive der Philosophie die Bestimmung des Menschen schlechthin. Der Mensch ist ein *zoon politikon*[16], definiert der griechische Philosoph Aristoteles, was übersetzt werden könnte mit: Der Mensch ist ein soziales Wesen. Oder um es in Anlehnung an den Sozialethiker Arthur-Fridolin Utz zu formulieren: Das Wir gehört zur DNA des Menschen.[17] Das Soziale ist nicht etwas, das sich ein Mensch wie ein beliebiges Attribut zu seinem Leben dazu nehmen könnte, sondern gehört konstitutiv zu ihm. Ein Lebensentwurf, der diese Dimension verleugnen wollte, etwa durch Isolation oder Streben nach höchster Autonomie, wäre nicht nur zum Scheitern verurteilt, sondern vor allem verfehlt. Alleine Mensch zu sein, macht keinen Sinn.

Der mittelalterliche Philosoph Thomas von Aquin führt diesen Gedanken weiter: Gerade die Bestimmung zum Sozialen ermöglicht dem Menschen einen Grad an Vollkommenheit, der ihn über die Tiere erhebt.[18] Die Notwendigkeit des Gemeinschaftlichen wird nicht als Mangel, sondern als Auszeichnung gedeutet. Als Beleg dafür führt Thomas die Fähigkeit des Menschen an, durch Arbeitsteilung und Wissenstransfer zu Erkenntnissen und Fortschritten zu kommen, die einem Einzelnen niemals möglich wären. Der Philosoph benennt damit einen Umstand, ohne den unsere moderne Arbeitswelt und hochspezialisierte Wissenschaft nicht mehr denkbar ist. Es gibt kein Produkt, an dem nicht unzählige Mitwirkende beteiligt sind, egal ob es sich um ein medizinisches Präparat oder ein Produkt aus dem Diskontladen handelt. Jede neue Errungenschaft basiert auf Erfindungen und Ideen, die Generationen vor uns gemacht und an uns weitergegeben haben. Auch wenn das Bild des Wissenschaftlers, der im einsamen Kämmerlein eine bahnbrechende Entdeckung macht, noch immer in unseren Köpfen herumspukt; es sind längst internationale Forschungsteams, die an Projekten arbeiten, deren Ergebnisse häufig selbst wiederum ein kleiner Baustein in einem größeren wissenschaftlichen Vorhaben sind. Gerade dieses planvolle, strategische Zusammenwirken ermöglicht es, zu jenem Fortschritt zu gelangen, der den Menschen über allen Lebewesen auszeichnet – und aus unserer Welt ein Dorf gemacht hat, in dem jede mit jedem in Verbindung stehen kann.

Gemeinschaft und christliche Spiritualität

Für die jüdisch-christliche Spiritualität ist die soziale Verfasstheit des Menschen eine Selbstverständlichkeit. In der Bibel kommt das vielfach zum Ausdruck, etwa wenn in den alttestamentlichen Psalmen das ganze Volk Israel und an manchen Stellen die gesamte Menschheit als ein einziges Subjekt angesprochen wird: „Israel, dein Gott bin ich", heißt es etwa in Psalm 50, oder: „Israel, vertrau auf den Herrn!" in Psalm 115.[19] Glauben und Spiritualität sind aus biblischer Sicht stets eine gemeinschaftliche Angelegenheit. „Ihr seid berufen worden zur Gemeinschaft mit Gottes Sohn, Jesus Christus", schreibt Paulus im Neuen Testament an seine Leute in Korinth.[20] Das verbindende Element dieser Gemeinschaft ist der Glaube an Gott bzw. Jesus Christus. In diesen Glauben können Unterschiede von Stand, Nationalität und Geschlecht integriert werden: „Es gibt nicht mehr Juden und Griechen, nicht Sklaven und Freie, nicht männlich und weiblich", erinnert der Apostel an anderer Stelle, „denn ihr alle seid einer in Christus Jesus."[21]

Das Gemeinschaftliche des Glaubens kommt auch in dem Gebet zum Ausdruck, das über die Konfessionen hinweg *das* christliche Gebet schlechthin ist. „Vater *unser*" beten Christ:innen, nicht „Vater *mein*", und erbitten darin „*unser* tägliches Brot", will heißen: Brot für alle, mit denen sie sich in dieser Bitte verbunden fühlen. „Vater *unser*" beten Christ:innen auch dann, wenn sie alleine beten. Dabei wissen sie sich verbunden mit allen, die sich auf dem ganzen Erdkreis in unzähligen Sprachen mithilfe dieser Worte an Gott wenden, verbunden mit jenen, die es vor ihnen getan haben, und denen, die es nach ihnen tun werden. Gerade im Gebet kann spürbar werden, dass das Wir die Grenzen des Raumes und der Zeit überschreitet.

Der Aspekt der *communio* (lat. Gemeinschaft) ist so essentiell für Christ:innen, dass die Theolog:innen ihren Ursprung im göttlichen Sein selbst gesucht haben. Die Lehre von der Dreifaltigkeit ist die Lehre von einem Gott, der keine einsame Monade, sondern in sich selbst ein Wir ist. Als Schöpfer:in ruft Gott die Menschheit und letztlich die gesamte Schöpfung hinein in diese göttliche Kommunität. Mensch, Natur, Universum – alles ist in Gott verbunden.

Speziell der sonntägliche Gottesdienst ist von seiner Grundidee ein Ausdruck der Glaubensgemeinschaft vor Ort, aber auch weltweit. Nicht umsonst hören Katholik:innen an Sonntagen länderübergreifend in allen Kirchen die gleichen biblischen Lesungen. Und genau deshalb nennen Christ:innen das Gedenken an das letzte Abendmahl, Tod und Auferstehung Jesu „Kommunionfeier". Leider ist in vielen Gottesdiensten davon wenig spürbar. Im Kloster versuchen wir das in unseren Messfeiern zeichenhaft sichtbar zu machen, etwa indem wir warten, bis alle das kleine Stück Brot in der Hand haben und dann gemeinsam essen, „kommunizieren".

Noch ein kleines historisches Detail am Rande: Der Großteil der biblischen Bücher, so der breite Konsens unter den Bibelwissenschaftlern, stammt nicht von einem einzelnen Autor, sondern einer ganzen Verfassergruppe. Seit jeher wurde *gemeinsam* über Gott nachgedacht und geschrieben.

DAS NATIONALE WIR

Wir haben gesehen: Die Bestimmung des Menschen zum Wir ist unumgänglich. Niemand entkommt ihm, ob er will oder nicht. Neben der Familie wird das besonders deutlich bei der zweiten Sozietät, der wir von Geburt an angehören und die wir nicht frei wählen können: die Zugehörigkeit zu einem Volk bzw. einer Nation.

Die nationale oder ethnische Zugehörigkeit von Menschen schafft eine ganz eigentümliche Form von Verbundenheit. Eindrückliche Bilder dafür sind die Szenen, wie sie sich anlässlich der Unterzeichnung des österreichischen Staatsvertrages oder des Falls der Berliner Mauer abspielten: Wildfremde Menschen jubelten vereint, fielen sich um den Hals und tanzten miteinander aus Freude über die neu gewonnene nationale Identität. Welche Kräfte konstruktiver oder destruktiver Art in dieser Verbundenheit liegen können, zeigt sich an Situationen wie der großen Zuwanderung nach Europa im Jahr 2015. „Wir schaffen das!", war Angela Merkel, die damalige Bundeskanzlerin Deutschlands, zuversichtlich und mit *Wir* war natürlich die deutsche Bevölkerung gemeint. Tatsächlich gelang es mit Hilfe dieses Slogans über lange Zeit, einen Großteil der Bürger:innen in der Bundesrepublik von einer Politik der Offenheit und Fremdenfreundlichkeit zu überzeugen. Aber auch Negativbeispiele gibt es genug: „Lang lebe Österreich!", lautete der Schlachtruf, mit dem die österreichisch-ungarischen Truppen in den Ersten Weltkrieg zogen in der Absicht, die Ermordung des Thronfolgerpaares zu rächen und das Deutsche Reich in seiner Expansionspolitik zu unterstützen.

Das Verbindende einer ethnischen Identität ist besonders bei Menschen mit Migrationshintergrund wirksam. Die Communitys, in denen in der Fremde die Muttersprache gesprochen und eigene Bräuche und Feste gepflegt werden, sind Orte des Zuhauses und der Vertrautheit.

Mit der nationalen geht auch eine kulturelle Identität einher. Kultur ist allgegenwärtig und in allen Lebensbereichen manifest. Sie bestimmt, was ich esse, bestimmt meinen Musikgeschmack und welche Vorstellung ich von den Geschlechterrollen habe. Wie sehr sie uns in Fleisch und Blut liegt, wird am Beispiel des Wiener Walzers deutlich. Jedes Jahr betonen die Kommentator:innen des Neujahrskonzerts, dass doch nur die *Wiener* Philharmoniker den Walzerrhythmus perfekt beherrschen, nicht aufgrund ihrer musikalischen Spitzenklasse, sondern einfach, weil sie aus Wien sind.

Bei genauem Hinsehen stellen wir fest, dass wir an mehreren kulturellen Einheiten partizipieren und gleichzeitig verschiedenen Kulturen und Subkulturen zugehören. Die Kultur etwa, in der ich aufgewachsen bin, ist ebenso die österreichische wie die oberösterreichische. Im Ausland verstehe ich mich vor allem als Österreicherin und werde auch als solche wahrgenommen. In Wien hingegen bin ich die „zuagroaste" Oberösterreicherin, die man rasch an ihrem Akzent erkennt.

Obwohl Kultur unsere Identität umfassend beeinflusst, kann sie reflexiv nie ganz eingeholt werden. Jede und jeder glaubt zu wissen, was gemeint ist, wenn von der österreichischen Kultur gesprochen wird, aber eindeutig auf den Punkt gebracht werden kann sie nicht. Vor allem bin ich in sie hineingeboren. Kultur ist nicht frei gewählt, sondern vorgegeben. Ob ich von klein auf gewohnt bin, mit den Fingern zu essen oder Kühe als heilige Tiere zu betrachten, ist keine Sache der freien Wahl. Ich kann Haltungen körperlicher und geistiger Art ablehnen oder sie mir neu aneignen, doch immer nur in Abhebung und in Kontrast zu dem, was mir schon als Baby in die Wiege gelegt wurde.

Als Österreicherin bin ich in der privilegierten Lage, einem Land anzugehören, das ebenso großes Ansehen wie Selbstbewusstsein besitzt. „I am from Austria", singt der Austropopper Rainhard Fendrich, und seit Jahrzehnten stimmen Österreicher:innen spätestens beim Refrain stolz mit ein. Dass es keine Selbstverständlichkeit ist, auf seine Herkunft stolz zu sein, wurde mir im Rahmen eines Aufenthaltes in Spanien bewusst. Mehr als einmal hörte ich anerkennende Worte, nicht wegen meiner Person, sondern aufgrund meiner Nationalität. Zugleich bemerkte ich, dass viele Spanier:innen sich im Vergleich zu anderen Europäer:innen als geringer und rückständiger einschätzten, ein Selbstbild, das mittlerweile vielleicht nicht mehr auf die Spanier:innen, wohl aber auf Menschen anderer Nationalitäten zutrifft.

Zugehörigkeit ist ein wechselseitiger Prozess, der sowohl von innen als auch von außen her stattfindet. Nicht nur ich erfahre mich als Österreicherin, sondern auch andere schreiben mir diese Eigenschaft zu. Zum „Wir sind" gehört ein „Ihr seid", und diese Zuschreibungen können schmerzhaft sein. „Ihr seid alle Nazis!", hörten viele Deutsche nach dem Krieg, und: „Ihr habt eine faschistische Regierung gewählt!", musste ich mir in Zeiten der ÖVP-FPÖ-Koalition von Bekannten aus dem Ausland vorwerfen lassen. Die in Deutschland geborene Hannah Arendt schildert, wie sie von der nationalsozialistischen Politik der Zwischenkriegszeit sukzessive zur Jüdin „gemacht" und als Angehörige einer „minderwertigen Rasse" degradiert wurde.

Der Philosophin gelang es auf eindrucksvolle Weise, nach der Emigration daraus ihre ganz persönliche jüdische Identität zu entwickeln.[22]

UNIVERSAL UND UNVERFÜGBAR

Zur Unverfügbarkeit unserer Zugehörigkeiten gehört weiters ihre Unberechenbarkeit. Wenn ich in meiner Zeit als Lehrerin eine Schulklasse betrat, hatte ich trotz bester Unterrichtsvorbereitung keine Ahnung, wie sich die kommenden fünfzig Minuten entwickeln würden. Wer sich auf eine Podiumsdiskussion einlässt, kann nicht vorhersagen, mit welchen Argumenten er bzw. sie konfrontiert sein wird. Das gilt selbst für Sozietäten, denen wir freiwillig beitreten bzw. die wir von uns aus bilden. Wenn Eltern ein Kind zur Welt bringen, wissen sie nicht, welche Persönlichkeit sie in die Welt setzen, auch wenn sie den Nachwuchs nach ihren Vorstellungen erziehen. Wer sich einer Partei anschließt, hat keine Gewissheit darüber, wie sich deren Politik in den kommenden Jahren gestalten wird. Leben in Gemeinschaft schließt immer ein Risiko mit ein, und nicht umsonst ist der doppeldeutige Satz „Ihr traut euch!" zur Hochzeit sprichwörtlich geworden. Wir haben unsere Kommunitäten, die Menschen um uns, nicht in der Hand, ebenso wenig wie das Leben selbst. Aber wir sind ihnen auch nicht hilflos ausgeliefert. Ich kann mich in einer Gruppe positionieren, mehr oder weniger involvieren und in vielen Fällen auch distanzieren. Voraussetzung dafür ist, dass ich das Wir in mir und um mich aufmerksam wahrnehme.

Nur wer die komplexen Zusammenhänge und Vorgänge des sozialen Gefüges und deren Wirkung auf den Einzelnen erfasst, kann sich dazu absichtsvoll verhalten. Dann werde ich nicht willenlos getrieben, sondern schwimme bewusst mit, gegen oder quer zum Strom, besser gesagt zu den vielen Strömen und Strömungen, in die ich mit meiner Existenz hineingeworfen bin. „Weil eben *nicht* an allem meine Mutter schuld ist", steht auf einem Plakat, das in meiner Praxis hängt. *Unser* Leben ist immer auch *mein* Leben, und die Herausforderung besteht darin, Wir und Ich so zu verbinden, dass daraus erfüllendes Leben für alle entstehen kann.

Das universale Wir

Über allen sozialen Einheiten, seien es Familie, Freundeskreis oder Volksgemeinschaft, steht jenes universale Wir, in das wir durch unser Dasein eingebunden sind. Es umgreift nicht nur die gesamte Menschheit, sondern alles Gewordene. Alles ist mit allem, alle sind mit allen verbunden, unabhängig davon, ob wir das anerkennen oder nicht. Das ist keine romantische Idee, sondern eine unbedingte Tatsache, „kraft derer jeder einzelne für das Wohl des Ganzen und deswegen auch für das Versagen jedes anderen einzustehen hat. Sie besteht ohne unser Zutun, sie besteht auch, wenn wir sie verkennen, auch wenn wir sie innerlich ablehnen und uns gegen sie sträuben und versuchen, uns den sich daraus ergebenden realen Konsequenzen […] zu entziehen."[23] So brachte es der Sozialethiker Oswald von Nell-Breuning bereits vor vierzig Jahren auf den Punkt.

Wie sehr wir als Menschheit bzw. als Geschöpfe zu diesem großen Ganzen gehören, wird sichtbar im Bild des Erdballes. Sie kennen die ersten Aufnahmen der Astronauten, auf denen eine winzige Kugel im dunklen Raum zu sehen ist, fragil und wunderbar zugleich. Die Kugel als „vollkommene Form", so lehrt es uns die Geometrie, bildet eine unauflösbare Einheit, ein Ganzes. Man kann an sie weder etwas anstückeln noch etwas von ihr amputieren – in beiden Fällen würde man sie damit zerstören.

Nell-Breuning stellt nüchtern fest, dass zwischen den Geschöpfen eine gegenseitige Abhängigkeit „auf Gedeih und Verderb"[24] besteht. Damit führt er die Idee ad absurdum, eigennütziges Handeln auf Kosten der anderen wäre langfristig möglich. Wenngleich vor allem auf wirtschaftlicher Ebene die Welt vordergründig so zu funktionieren scheint, wissen wir: Der Schaden, den ich durch Gier und Ausbeutung anderen zufüge, fällt irgendwann auf mich selbst zurück, wird zu meinem eigenen Schaden. Sowohl das lebensfördernde wie auch das zerstörerische Handeln jedes Menschen hat eine universale Reichweite, die ihn selbst miteinschließt.

Das Universale unseres Daseins ist uns als Gabe und Aufgabe vorgegeben. Jede und jeder von uns befindet sich in einem fortlaufenden und vielschichtigen Prozess von Geben und Nehmen. Vergegenwärtigen Sie sich den Vorgang Ihres Atems: Ständig geben Sie CO_2 an die Welt ab und nehmen im gleichen Zug Sauerstoff aus der Luft auf, die jedem Menschen grenzüberschreitend und einkommensunabhängig zur Verfügung steht.

Wie Recht hatte doch meine Mitschwester, als sie vehement darauf bestand, dass wir die Milch für das Kloster nicht aus dem Supermarkt, sondern direkt von der Bäuerin beziehen. „Nicht nur, weil sie besser schmeckt", meinte sie. „Es geht um die Verarbeitung, die Verpackung, die Transportwege … Es geht um *alles*."

„Es geht um alles." Mit diesem Satz hätte sie dem Existentialisten Jean-Paul Sartre aus der Seele gesprochen. In seinen Überlegungen widmete sich der Philosoph der Frage nach der Tragweite menschlichen Verhaltens. Meine Wahl, meine Entscheidung, so Sartres Überzeugung, ist nie nur die meinige, sondern ich entscheide damit für und über alle. Damit ist auch meine Verantwortung eine unbedingte.[25] Wie relevant seine Überlegungen sind, wird an vielen Beispielen des täglichen Lebens spürbar. Ein Autolenker reißt durch einen kurzen Moment der Unachtsamkeit nicht nur sich selbst, sondern auch seine Beifahrerin und entgegenkommende Fahrzeuge samt Insassen mit ins Unglück. Aber nicht nur diese. Auch deren Familien, Kundinnen, Kreditgeber, Patientinnen usw. sind von der einen kleinen Unachtsamkeit betroffen. Wir würden mit dem Weiter- und Durchdenken der Reichweite dieser einzigen Handlung nicht fertig, so weit sind die Kreise, die sie zieht. Es würde uns handlungsunfähig machen, würden wir die Konsequenzen jedes einzelnen Aktes ausführlich bedenken. Ein Bewusstsein um die globale Verantwortung, die uns als Menschen zukommt, halte ich aber besonders für uns privilegierte Mitteleuropäer:innen für unabdingbar. De facto stelle ich eher das Gegenteil fest, nämlich eine erstaunlich geringe Sensibilität für die universale Verbundenheit und die umfänglichen Konsequenzen unseres Handelns. Den Ursachen und Hintergründen dieser „Wir-Vergessenheit" wird das kommende Kapitel gewidmet sein.

Die religiöse Erfahrung des Universalen

Sehr wohl mit der Universalität des Daseins befasst haben sich neben der Philosophie alle großen Religionen, auch die christliche. Der deutsche Mystiker Meister Eckhart schrieb in seiner Predigt „Von Gott und der Welt": „Das ist der Funke, der ist Gott so nahe, dass er ein einiges ungeschiedenes Eins ist und das Bild aller Kreaturen in sich trägt."[26] Etwas salopper ist es in einem

Zitat formuliert, das dem evangelischen Pastor Martin Luther King zugeschrieben wird: „Noch bevor du diesen Morgen dein Frühstück beendet hast, bist du auf mehr als die halbe Welt angewiesen." Als Christin finde ich den Grund dieser Zusammengehörigkeit in Gott selbst. Gott ist der gemeinsame Ursprung von allem, und alles Lebendige trägt Gottes Handschrift. Ein anderer Mystiker, Franz von Assisi, hat diese Verbindung so tief gespürt, dass er in einem Lied, dem berühmten Sonnengesang, sogar Sonne, Wetter, Wasser … Bruder und Schwester nennt. Als Kinder Gottes sind Menschen nicht nur einander Schwestern und Brüder, sondern gehören mit allem anderen zu der einen göttlichen Schöpfung. Durch diese spirituellen Erfahrungen bleibt das Universale kein nüchternes Faktum, sondern kann als Gemeinschaft erlebt werden, in der wir uns trotz ihrer Unvollkommenheit beheimatet fühlen können.

DIE FÄHIGKEIT DES MENSCHEN ZUM MITEINANDER

Zum Menschsein gehört nicht nur die Notwendigkeit, sondern auch die Fähigkeit zum Wir. Vieles in uns ist auf Kommunikation und Sozialität angelegt und daraufhin ausgerichtet.

Das beginnt bei der physischen Gestalt des Menschen. Die Sinnesorgane öffnen uns für Kontakt und Interaktion. Selbiges gilt für die Gliedmaßen. Unsere Arme und Hände sind nicht nur dazu da, etwas, sondern vor allem jemanden zu halten. Eltern oder Erzieher:innen wissen überdies, wie wichtig es ist, *zwei* Arme zu haben, damit nicht nur eines, sondern zwei Kinder gehalten werden können, eines an der linken, eines an der rechten Hand. Auch Blick und Gehör sind so geschaffen, dass wir damit nicht nur eine einzige Person, sondern mehrere gleichzeitig erfassen können. Das, was in der Bindungstheorie als Fähigkeit zur Triadenbildung bezeichnet wird, d. h. die Kompetenz, sich in einer Gruppe der Situation und Konstellation angemessen zu verhalten, ist also schon physiologisch grundgelegt.

Auch das Gehirn ist, wie Thomas Fuchs in einem seiner Bücher bereits im Titel festhält, ein Beziehungsorgan.[27] Der Psychiater und Philosoph erläutert ausführlich, wie unser Gehirn, das in seiner physischen Gestalt ein ungeheures Entwicklungspotenzial in sich birgt, maßgeblich der Interaktion mit anderen Menschen bedarf, um sich zu entfalten. Das ist weder aus eigener Kraft noch durch Stimulierung mit gegenständlichen Reizen möglich. Synapsenbildung und Vernetzung der Nervenzellen finden ohne soziale Kontakte nicht ausreichend statt. Lernen, und zwar nicht nur schulisches Lernen, ist aus gehirnphysiologischer Sicht ein elementar sozialer Vorgang. Das wurde uns spätestens in der Corona-Pandemie deutlich, als wir den großen Unterschied zwischen Online-Vorträgen und Präsenz-Vorlesungen am eigenen Leib erfuhren.

Zur sozialen Anlage des Menschen gehören zentral Sprache und Vernunft. Sie ermöglichen uns differenzierte Formen von Kontakt und Kooperation, wie bereits oben in den Ausführungen über Arbeitsteilung beschrieben wurde. Die uns angeborene Erkenntnisfähigkeit ist primär nicht auf Dinge, sondern auf Menschen ausgerichtet. Das heranwachsende Kind beginnt, seine Familie zu begreifen. Wie reden Mama und Papa miteinander? Worum streiten die Geschwister? Welchen Platz habe ich in dem Ganzen? Dieses Erkennen findet zunächst auf eine unmittelbare Weise statt, die sich vorwiegend auf einer leiblich-emotionalen Ebene abspielt. Mit fortschreitender Entwicklung kommt mehr und mehr ein rationales Begreifen dazu.

Auch als Erwachsene „erfassen" wir das Miteinander, in dem wir uns befinden, häufig mehr intuitiv als reflexiv. „Adam erkannte seine Frau Eva"[28], heißt es zu Beginn der Bibel, und damit ist kein denkendes Durchschauen des anderen gemeint, sondern die liebend-sexuelle Vereinigung von Mann und Frau. Über das unmittelbare Erfassen hinaus hat der Mensch die Fähigkeit zum rationalen Begreifen der Wirklichkeit. Als *homo sapiens sapiens*, als Wesen, das weiß, dass es weiß, können wir unser Miteinander, unsere Umgangsformen, unsere Beziehungen durchdenken, wie wir es bereits in diesem Kapitel gemacht haben. Der Anthropologe Helmuth Plessner nennt dies etwas abstrakt die „exzentrische Positionalität"[29], die dem Menschen als einzigem Wesen zukommt. Zu dieser herausragenden Kompetenz gehören Empathie und Einfühlungsvermögen, die uns zu Gemeinschaft und Zusammenleben befähigen. Wir können innerlich nachvollziehen, wie es Kolleg:innen geht, die einen Erfolg feiern oder von der Vorgesetzten zur Rede gestellt werden. Dieses Mitgefühl, so sagen uns die Gehirnforscher, bildet sich im Cerebrum ab. Die Entdeckung der sogenannten Spiegelneuronen hat zu zahlreichen weiterführenden Hypothesen geführt, die noch zu wenig valent sind, um exakte Zusammenhänge benennen zu können. Was aber feststeht ist, dass wir von Geburt an und vermutlich schon vorher mit der Kompetenz ausgestattet sind, emotionale Befindlichkeiten des Gegenübers wahrzunehmen und darauf zu reagieren. Ob Babys verstummen, um den depressiven Vater nicht noch mehr zu belasten, oder schreien und damit eine subtile Spannung zum Ausdruck bringen, immer reagieren sie auf die Weise, in der ihre Bezugspersonen ihnen entgegenkommen. Umgekehrt haben Eltern, Geschwister, Großeltern etc. in der Regel die Fähigkeit, sich auf ein Kind einzustimmen. „Automatisch" verändern sie ihren Tonfall, es wird leiser gesprochen, sobald ein schlafendes Kind in den Raum gebracht wird usw. *Affect attunement*, emotionale Abstimmung, heißt der Begriff in der Fachsprache, ein Vorgang, der sich nicht nur beim Kontakt mit Kindern in unserem Miteinander täglich hundertfach abspielt und Voraussetzung dafür ist, dass Gemeinschaft und Beziehung erfahrbar sind.

Dass Sprache dem Miteinander dient, braucht wohl nicht eigens ausgeführt zu werden. Ich gestatte mir aber den Hinweis, wie sehr die grammatikalischen Strukturen dazu angelegt sind, nicht nur zu dialogisieren, sondern zu kommunizieren. Klein, aber oho sind die Wörtchen *wir, uns, euer, ihr ...*, die einen erheblichen Teil unserer Sprache ausmachen. Ist Ihnen schon aufgefallen, dass viele Verben neben dem Subjekt *zwei* Objekte erfordern, um einen semantisch und grammatikalisch richtigen Satz zu bilden? „Wir schenkten eine Reise." Fein, aber wem galt das Geschenk? „Der Staatsanwalt beschuldigte der Mittäterschaft." Interessant, aber wer, bitte sehr, wurde beschuldigt? Beide Sätze machen ohne ein zweites Objekt keinen Sinn, es fehlen einmal die glücklichen Empfänger des Geschenkes und im zweiten Beispiel die Angeklagten. Erst in der Dreierkonstellation von Subjekt und zwei Objekten kann Wirklichkeit richtig abgebildet werden. Unsere Sprache spiegelt wider, was das Leben durch und durch bestimmt: Gemeinschaft und Zusammengehörigkeit.

Sprache, Vernunft, Sinnesorgane, emotionale Kompetenz: Wir Menschen haben ein reiches Potential zur Verfügung, um Gemeinschaften zu einem gelungenen Wir zu gestalten. Ob wir dieses Potential verkümmern lassen, es missbrauchen oder entfalten und andere in ihrer Entfaltung unterstützen, von dieser Frage hängt, um noch einmal Nell-Breuning zu zitieren, „Wohl und Wehe der menschlichen Gemeinschaft" ab.

III.
ÜBER DIE WIR-VERGESSENHEIT

DER VORRANG DES ICH …

So ursprünglich uns das Wir prägt und so wunderbar wir dazu befähigt sind, in unserem Denken, Fühlen und Handeln ist es oft weit weg von uns. Der Fokus liegt ganz auf dem Ich, dem Selbst. Wir erfahren es als Ausgangs- und Endpunkt unserer Wahrnehmung und unseres Erlebens. Die „selbstische" Daseinsform, wie sie in der Philosophie genannt wird, manifestiert sich in vielen Bereichen. Besonders deutlich zeigt sie sich in der Begrifflichkeit. *Selbst*wert, *Selbst*verwirklichung, *Selbst*sicherheit sind Worte, die uns so selbstverständlich sind, dass die Häufigkeit ihrer Verwendung gar nicht mehr auffällt. Dazu kommen Konzepte wie „Selbstmanagement" oder „Selbstmitgefühl", in denen es darum geht, den Umgang mit sich selbst zu optimieren. Das Bemerkenswerte daran ist nicht, *dass* Menschen über sich als Individuum und ihr Verhalten nachdenken, sondern die *Ausschließlichkeit*, mit der sie es tun.

Es irritiert mich immer wieder, wenn eine Mutter mir sagt, sie mache sich Sorgen um „*ihr* Kind". Verständlich wäre mir das noch bei einer Alleinerzieherin, ich höre diesen Satz aber häufig auch von Müttern, die ihr Kind gemeinsam mit ihrem Partner großziehen. Oder jemand erzählt von „*seinem* Urlaub" und erst auf Nachfrage erfahre ich, dass er oder sie mit der ganzen Familie unterwegs war. Noch weniger kommt uns ein „Wir" bzw.

„Unser" über die Lippen, wo wir an der Sache einer größeren Kommunität beteiligt sind. „In der Pfarre ist gar nichts los", bekritteln wir, ohne daran zu denken, dass wir als Mitglied *unserer* Pfarre mitverantwortlich sind für das, was geschieht oder eben auch nicht geschieht.

Die Erfahrung des Gemeinsamen ist uns fremd. *Ich* oder *es* scheinen die einzigen Alternativen zu sein. Ich bin zuständig für das *Meine*. Für das, was de facto das *Unsrige* ist, fühlt sich kaum jemand verantwortlich.

Haben wir verlernt, „wir" zu sagen? Im Trend liegt es jedenfalls nicht. Von vielen Seiten wird uns suggeriert, es sei notwendig und heilbringend, den Blick auf das Ich zu richten. Anhand der oben erwähnten Schlagworte wie Selbstfindung oder Selbstverwirklichung wird uns erklärt, wie notwendig es sei, dass ich mich mir selbst zuwende. „Der wichtigste Termin des Tages ist der Termin mit sich selbst", heißt es da, oder: „Oberste Priorität hast du und was dir wichtig ist." Ich könnte noch viele weitere Beispiele aus diversen Ratgebern anführen. Der Sukkus dieser Aussagen und Aufforderungen ist, dass das Ich über dem Wir steht. Der Termin mit mir ist nicht nur wichtig, sondern der wichtigste. Das Ich hat nicht nur hohe Bedeutung, sondern oberste Priorität. „Das Individuelle ist der dem sozialen Leben vorgeordnete Zustand"[30], konstatiert der französische Anthropologe Louis Dumont treffend. Dieser Modus, Welt zu erfassen und Leben zu gestalten, erstreckt sich auf alle Lebensbereiche. Der Psychoanalytiker Rainer Funk nennt beispielhaft die Musikszene. Vorbei ist die Zeit der großen Bands und Gruppen wie The Beatles oder The Queen. Es dominieren einzelne Stars.[31] Ähnliches zeigt sich in der Politik: Wahlkämpfe heben nicht mehr auf Parteiprogramme, sondern auf Einzelpersonen ab. Kaum ein Wahlplakat, auf dem nicht das Porträt des Spitzenkandidaten groß abgebildet ist. Auch in die

Psychologie hat die Vorrangigkeit des Ich Eingang gefunden. Begriffe wie „Selbstpsychologie" und „personzentrierte Psychotherapie" sprechen für sich. Im Mittelpunkt steht die Analyse der inneren Vorgänge des Einzelnen.

Selbst an der christlichen Theologie ist die Ich-Fokussierung nicht vorübergegangen. Das Bemühen um das persönliche Seelenheil hat einen hohen Stellenwert. Im Mittelpunkt steht die Suche nach je individuellen Formen geglückten Christseins. Visionäre Konzepte eines christlichen Weltentwurfs, wie wir sie etwa von dem Theologen und Paläontologen Teilhard de Chardin aus der Nachkriegszeit kennen, bleiben aus. Im Blickpunkt steht nicht das gemeinsame Projekt eines Reiches Gottes, also eine Welt nach Gottes Maßstab, sondern die individuelle Nachfolge des Gläubigen. Deutlich wird das in Gesprächen über eschatologische Vorstellungen, über die „Letzten Dinge". Da steht im Vordergrund die Frage nach dem persönlichen Seelenheil: „Was wird mit mir nach dem Tod?", „Werde ich in den Himmel kommen?" Wenig Interesse herrscht hingegen an der Frage, wie eine „Zeit der Vollendung"[32] bzw. ein „Ende der Welt"[33] für alle Menschen gedacht werden kann. Es ist kein Zufall, dass sich Sätze aus der Bibel wie „Heute noch wirst du mit mir im Paradies sein"[34] so großer Beliebtheit erfreuen, während wir mit den ebenfalls biblischen Gleichnissen über das Ende der Welt wenig anfangen können.

Auch die nationalistischen Tendenzen, die derzeit in Europa auf dem Vormarsch sind, lassen sich in diesen Modus einordnen: Es geht um die Interessen einer einzelnen Nation, nicht um ein gedeihliches Miteinander der Völker. „Kompromisslos für Österreich", lautete ein Slogan in der Nationalratswahl 2019, der die Frage unbeantwortet ließ, was eine derartige Kompromisslosigkeit für die multinationale Zusammenarbeit in der Europäischen Union oder der UNO bedeuten würde.

... UND DER NACHRANG DES WIR

Der Vorrang des Ich bringt unweigerlich den Nachrang des Wir mit sich. Das Gemeinsame und Gemeinschaftliche wird nicht mehr gleichursprünglich erlebt, sondern als etwas, das sich erst nachträglich bildet oder gebildet werden muss. Das *Wir* wird zu etwas Besonderem, einem Plus, das über das Normale hinausgeht. Aus dieser Perspektive ist das Soziale etwas Spezielles, eine besondere Leistung. Altruismus, Dasein für andere, wird nicht als Normalfall, sondern als außergewöhnliches Phänomen betrachtet, das mit Neugier beforscht wird. Menschen, die sich für andere einsetzen, werden zu Gutmenschen stilisiert, Kooperationsprojekte mit Preisen dotiert.

Wo das *Wir* in Vergessenheit gerät oder ins Sekundäre verschoben wird, verliert es aber nicht nur an Selbstverständlichkeit, sondern auch an Leichtigkeit. Es bedarf immer eines eigenen, zusätzlichen Schrittes, um es zu gewinnen. Gesellschaft, so erklären es uns manche Soziolog:innen, ist nicht ein ursprünglich menschliches Phänomen, sondern kommt erst durch einen Vertrag zwischen Einzelnen zustande. Das bedeutet, dass das Gemeinsame etwas Anstrengendes ist, etwas, das einen Aufwand erfordert und mich im schlechtesten Fall mehr kostet, als es Gewinn bringt.

Versuchen Sie doch einmal, eine alternative Perspektive einzunehmen! Wie würde eine Welt aussehen, in der Ich und Wir gleichrangig sind? Unternehmer:innen würden Aufträge nicht nur nach ihrem monetären Gewinn bewerten, sondern fragen, was die Arbeit ihrer Belegschaft *bringt*. Im Fußball würde es keinen Torschützenkönig, sondern einen Preis für das *schönste Spiel* des Jahres geben. Lehrer:innen würde es in der Klasse nicht primär um gute Noten gehen, sondern darum, dass Schüler:innen lernen, in Teams zusammenzuarbeiten und gemeinsam Aufgaben zu lösen.

Eine Utopie? Keineswegs. Der algerische Politiker René Lenoir schildert in seinem Buch „Les exclus", wie eine indianische Kindergruppe in einem Rätselwettbewerb agiert: Die Kinder suchen zuerst gemeinsam nach dem Ergebnis, dann rufen es alle gleichzeitig heraus. „Es wäre ihnen unerträglich, dass einer gewinnt und die anderen verlieren. Der Gewinner wäre von den anderen geschieden."[35] Eine bemerkenswerte Anekdote, finden Sie? Vielleicht besteht das Bemerkenswerte aber eher darin, dass wir ein solches Verhalten bemerkenswert finden.

Die Fokussierung auf den persönlichen Gewinn, auf die Frage „Was bringt mir das?" ist nicht so selbstverständlich, wie es sich für uns anhört. Ich halte sie für ein typisch mitteleuropäisches Phänomen. Speziell in meiner Tätigkeit mit Flüchtlingen aus afrikanischen und arabischen Ländern habe ich oft erlebt, dass Jugendliche wie Erwachsene mehr um ihre Familie im Heimatland als um ihr eigenes Wohlergehen besorgt waren. Für sie war es eine Selbstverständlichkeit, einen Teil des ihnen zur Verfügung stehenden Geldes nach Hause zu schicken, selbst wenn ihnen kaum genug zum Leben blieb. Ich habe lange gebraucht, um zu verstehen, dass die Vorstellung, die Familie nicht unterstützen zu können, für sie unaushaltbar war und ihnen größeres Leiden bedeutete als die Einschränkung der eigenen Bedürfnisse. Dahinter steht das Bewusstsein, dass der Einzelne nie losgelöst von der größeren Gemeinschaft existieren und handeln kann. Die Einengung auf das Ich wäre aus dieser Perspektive zugleich dessen Auslöschung. Das Ich agiert immer aus dem Wir heraus. So ist es nur logisch, wenn ein kenianischer Marathonläufer im Siegerinterview sagte: „*Wir* haben eine großartige Leistung vollbracht."

Die Beispiele zeigen, dass Menschen zugleich auf das Gemeinsame *und* das Eigene hin ausgerichtet sein können. *Wir* und *Ich* müssen nicht in Konkurrenz stehen.

Diesen Ausgleich zu schaffen, war ein zentrales Anliegen von Alfred Adler, dem Begründer der Individualpsychologie. In seinen Konzepten spielt das Individuum eine ebenso große Rolle wie Gesellschaft und Gemeinschaft. Von Alfred Adler stammt auch der Begriff des „Gemeinschaftsgefühls". Die Ausbildung des Gemeinschaftsgefühls, so Adler, sei Grundvoraussetzung für eine gesunde menschliche Entwicklung, da „kein vollsinniger Mensch ohne Pflege und hinreichende Betätigung des Gemeinschaftsgefühles aufwachsen kann"[36]. Der Wiener Psychologe stellt aber ebenso nüchtern fest, dass dieses Gemeinschaftsgefühl nicht immer hinreichend vorhanden ist, obwohl jeder Mensch unmittelbar um dessen Notwendigkeit auch für sich selbst weiß. Ein Mangel an Gemeinschaftsgefühl sei, so Adler, ein pathologisches Phänomen, etwas Krankhaftes, das Menschen spürbar beeinträchtigt. Adler stellt weiters die These auf, dass viele Menschen einen solchen Mangel intuitiv an sich wahrnehmen, aber anstatt zu versuchen, ihn auszugleichen, Verdrängungsmechanismen entwickeln, um ihr defizientes Verhalten vor sich selbst und anderen zu rechtfertigen.

LEBEN ALS EINZELKÄMPFER

„Wir-vergessene" Menschen gehen mit dem Grundgefühl der Vereinzelung durch die Welt. Man arbeitet, überlegt und plant nebeneinander vor sich hin. „Jeder macht sein Ding", formuliert der Politikwissenschaftler Martin Hecht in seinem Buch „Die Einsamkeit des modernen Menschen"[37]. Selbst wenn man mit anderen unterwegs ist, heißt das noch nicht, dass die Unternehmung als gemeinsame verstanden wird. „Wir waren zusammen dort, aber erlebt hat die Reise jede und jeder für sich", fasste es eine Freundin nach einem Städtetrip mit ihrem Bekannten zusammen. Ein Ausdruck dieser Vereinzelung sind die Earpods, mit denen Menschen sich akustisch in ihre Welt einschließen. Die hochpreisigen Varianten der „Stöpsel" sind, so habe ich mir erklären lassen, mit einem eigenen Feature ausgestattet, das die Wahrnehmung der Umgebungsgeräusche möglichst reduziert. Je weniger von außen an mich herandringt, umso besser und umso teurer. Um mit anderen in Kontakt zu kommen, müssen die kleinen Kopfhörer aus dem Ohr genommen werden, erst dann wird wieder Kommunikation möglich.

Vom Einzelmenschen ist es nicht weit zum Einzelkämpfer. „Jeder ist sich selbst der Nächste", lautet die Devise, und: „Man muss schon selbst schauen, wo man bleibt." Damit einher geht die Überzeugung, jeder Mensch sei allein für sich verantwortlich, aber auch nicht darüber hinaus.

„Glaub an dich!", prangte monatelang auf zahlreichen Werbeplakaten einer österreichischen Bank. Und etwas kleiner stand darunter: „Stell dich deinen Ängsten." Glauben, Angstbewältigung, Lebensplanung usw. – all das, so wird uns suggeriert, hätten wir alleine zu bewerkstelligen. Ich muss meinen Weg finden, als alleiniges Subjekt meines Lebens. Wo ich aber Subjekt bin, werden die anderen zu Objekten, die mir gegenüberstehen, anstatt mit mir in die gleiche Richtung zu gehen. Im besten Fall kann ich diese Objekte als Instrumente benützen, mit deren Hilfe ich meine Ziele erreiche. Sie können mich jedoch auch stören, mir im Weg stehen oder lästig sein. In vielen Fällen spielen für Einzelkämpfer:innen die anderen aber überhaupt keine Rolle, sie sind einfach egal. „Die sollen machen, was sie wollen", hört man dann, eine Haltung, die häufig mit Toleranz verwechselt wird. Nach dieser Auffassung würden wir in einer äußerst toleranten Gesellschaft leben. De facto verbirgt sich dahinter aber lediglich Gleichgültigkeit gegenüber anderen und ein Mangel an Sinn für die Verbundenheit untereinander.

Ähnliche Überzeugungen werden vielfach auch in Diskussionen über Glauben und Spiritualität vertreten. „Jeder soll seinen Glauben haben!", heißt es lapidar in Gesprächen über religiöse Ansichten und Traditionen. Aber wo bleibt das Interesse für die dahinterliegenden Motivationen, für die Werthaltungen und Erkenntnisse der Kolleg:innen? Und wie kann aus dieser Haltung der Gleichgültigkeit eine gemeinsame Verbindung zum Göttlichen aufgebaut, Leben gestaltet und gefeiert werden?

Auf Vereinzelung folgt Einsamkeit

„Ich für mich, du für dich, jeder für sich"[38], kann man mit Martin Hecht die Grundeinstellung der Vereinzelung zusammenfassen. Die tragische Konsequenz daraus sind Einsamkeit und Isolation. Die Vereinzelung, so Hechts Analyse, ist kein individuelles, situationsbedingtes Problem einer Person, sondern eine „strukturelle Größe"[39], die alle Gesellschaftssegmente durchzieht. Studienergebnisse aus Deutschland sprechen eine erschreckende Sprache. Knapp 60 Prozent der bis 40-Jährigen bezeichnen sich als einsam, unabhängig von ihrem sozialen Umfeld. Diese Zahl stammt von 2019, also knapp vor Ausbruch der Corona-Pandemie, und es ist zu befürchten, dass sie nach den Umbrüchen in den vergangenen Jahren gestiegen ist.

Eine weitere Folge des Einzelkämpfertums ist der verbreitete Eindruck, ohnmächtig zu sein, nichts bewirken zu können. „Was kann ich schon ausrichten?", lautet der resigniert vorgebrachte

Einwand, mit dem Menschen verweigern, sich für demokratische oder sozialpolitische Anliegen zu engagieren. Die Möglichkeit, sich mit anderen zusammenzuschließen und „gemeinsame Sache" zu machen, ist in ihrem Bewusstsein nicht präsent. Obwohl Menschen über ihre Einsamkeit klagen, begeben sie sich häufig ganz gezielt in sie hinein. Beobachten Sie einmal Fahrgäste, die in öffentliche Verkehrsmittel einsteigen! Sie werden bemerken, wie sie häufig versuchen, einen Sitzplatz zu ergattern, der einen möglichst großen Abstand zu anderen Reisenden gewährleistet. Man scheut die Nähe der anderen. Im Kontrast dazu erzählte mir eine ehemalige Kollegin, dass sie sich im Zug gern neben andere Passagiere setzte. Dadurch komme es regelmäßig zu lebhaften und bereichernden Gesprächen. „Es war eine sehr interessante Person, die ich da kennengelernt habe. Und wir haben so viel miteinander geredet, dass die Fahrt schnell vergangen ist", erzählte sie nach einer Reise von Berlin.

Ich komme noch einmal auf die Individualisierung von Glauben und Religion zurück. Man lebt und glaubt für sich allein. Gespräche über Gott und das Ewige finden kaum statt. „Ich brauche keine Kirche, um zu glauben", sagt man mir. Welch ein Irrtum! Wir alle schöpfen, ohne uns dessen bewusst zu sein, aus dem über Jahrhunderte gewachsenen Schatz der großen Glaubensgemeinschaften. Sämtliche spirituellen Bewegungen, seien sie traditioneller oder esoterischer Art, bauen darauf auf. Lebendiges spirituelles Leben verlangt nach Austausch, will kommuniziert, geteilt und im Diskurs mit anderen bestärkt und modifiziert werden. Die spirituelle Vereinsamung ist meines Erachtens eine nicht zu unterschätzende Ursache dafür, dass Glaube und Religion in unseren Breitengraden so wenig Wirkkraft entfalten können.

Wir neigen nicht nur dazu, uns selbst als Einzelwesen zu betrachten, sondern auch andere Menschen. „Wie wirst *du* Weihnachten feiern?", werde ich alle Jahre wieder von meinen Arbeitskolleg:innen gefragt. Das irritiert mich und provoziert mich ebenfalls alle Jahre wieder zur Gegenfrage, ob sie tatsächlich glauben, dass ich alleine vor dem Christbaum singe. Wissen sie doch, dass ich einer Ordensgemeinschaft angehöre.

Nicht nur im persönlichen Bereich, auch in der öffentlichen Kommunikation nehme ich diesen vereinzelnden Blick wahr. „Herr X. Y. berichtet aus Moskau", kündigt die TV-Moderatorin einen Beitrag in den Nachrichten an, dabei müsste sie doch besser als andere wissen, dass an der Gestaltung eines solchen Berichtes ein ganzes Team beteiligt ist. Zumindest wird ein Kameramann zur Aufnahme des Sprechers benötigt, häufig ist zusätzlich jemand für den Ton verantwortlich. Auch bei den Historiker:innen entwickelt sich nur langsam eine Sensibilität dafür, dass Formulierungen wie „Napoleon eroberte Preußen" eine grobe Verkürzung von Geschehnissen darstellen, in die eine Unzahl von Personen involviert war.

URSACHEN DER WIR-VERGESSENHEIT

Worin liegen die Ursachen für die herrschende Wir-Vergessenheit? Die wissenschaftliche Beantwortung dieser Frage sei den Fachleuten aus Soziologie oder Philosophie überlassen. Ich möchte an dieser Stelle einige Beobachtungen aus meiner Perspektive als Therapeutin und Ordensfrau anführen.

Zunächst sehe ich einen engen Zusammenhang zwischen dem oben zitierten selbstischen Weltzugang und dem hohen Stellenwert, den Freiheit in unserer Wertehierarchie einnimmt. Nach wie vor, so die übereinstimmenden Ergebnisse aller Wertestudien, wird der Wert von Freiheit höher als der von Gemeinschaft geschätzt. Unabhängig, autonom zu sein, ist wirtschaftlich, politisch und persönlich ein hohes Ideal. Wenn Freiheit als unbegrenzte Möglichkeit gedeutet wird, zu tun, was ich will, werden andere leicht als hinderlich und als einengend erfahren. Wer sich unbeschränkt bewegen will, kann andere in seiner Nähe nicht brauchen, bleibt aber auch alleine.

Der große Wert, den wir der Freiheit beimessen, ist umso erstaunlicher, als wir in Österreich schon über beachtlich lange Zeit in Verhältnissen leben, die uns ein weitgehend selbstbestimmtes Leben ermöglichen. Im Gegensatz zu anderen Regionen der Erde müssen wir uns strukturelle Freiheit nicht erkämpfen, sondern lediglich darauf achten, dass sie uns nicht verloren geht. Es ist unbestritten, dass Errungenschaften wie Meinungs-, Wahl- und Pressefreiheit zu den Grundpfeilern unserer Gesellschaft gehören. Während die Französische Revolution aber *liberté* in einem Atemzug mit *fraternité* nannte, sind Solidarität, Geschwisterlichkeit und Zusammenhalt Werthaltungen, die mit weit weniger Selbstverständlichkeit und nur von einem Segment unserer Gesellschaft eingefordert werden. Angemerkt sei an dieser Stelle auch, dass das Maß an äußerer Freiheit nicht unbedingt mit dem Grad an innerer, subjektiv empfundener Freiheit korreliert. Ein Umstand, der uns auch im folgenden Kapitel noch begegnen wird.

Anonymität

Einen Nährboden für die gegenwärtige Wir-Vergessenheit bildet die fortschreitende Anonymität, speziell in städtischen Gebieten. Je größer ein soziales Gebilde ist, sei es eine Stadt oder eine Einrichtung wie etwa eine Schule oder ein Krankenhaus, umso größer ist auch die Anonymität. Die Wahrscheinlichkeit, dass ich in einem Wiener Supermarkt beim Warten an der Feinkosttheke eine Bekannte treffe, geht gegen Null. In meinem Heimatort, einer Gemeinde mit etwa zweitausend Einwohner:innen, ist es hingegen der Normalfall. Das hat ganz praktische Konsequenzen. Sich dort in der Schlange an der Kassa vor Bekannten vorzudrängen, wäre für alle Anwesenden höchst peinlich. Gleichzeitig ist das Warten aber auch eine Gelegenheit, um mit ihnen ins Gespräch zu kommen und nachzufragen, wie es ihnen gerade geht. Wo aber hinter und vor mir namenlose Gesichter sind, verdunstet das Gefühl von Vertrautheit und Verantwortlichkeit. Die anderen sagen mir nichts und bedeuten mir nichts.

Eine ähnliche Dynamik lässt sich in staatlichen Strukturen wie dem öffentlichen Gesundheitswesen oder dem Pensions- und Sozialsystem ausmachen. Zweifellos leistet unser hochentwickeltes Sozialsystem einen erheblichen Beitrag zum hohen Lebensstandard, den die meisten in Österreich genießen dürfen. Es hat aber auch zur Folge, dass ein aus inneren Überzeugungen motivierter Zusammenhalt unter den am System Beteiligten nicht mehr notwendig ist. Wir leisten unseren Beitrag zum Ganzen, nicht weil wir uns füreinander verantwortlich fühlen, sondern weil wir dazu verpflichtet sind. Während Verantwortung immer gegenüber Personen besteht, gilt eine Verpflichtung dem Gesetz gegenüber. Ich zahle meinen Pensionsbeitrag nicht, weil ich meine Eltern, Geschwister und Freund:innen gut versorgt wissen will, sondern weil es die Sozialversicherung vorschreibt. Handlungsleitend ist die Gültigkeit eines Gesetzes, aber nicht die Verbindlichkeit einer Gemeinschaft. Wer sich in einem überschaubaren Sozialverband, in dem man einander kennt, seinen Pflichten entzieht, läuft Gefahr, sich unbeliebt zu machen und ausgeschlossen zu werden. Wo aber durch die Größe einer gesellschaftlichen Einheit die persönlichen Verbindungen wegfallen, schwinden Verbindlichkeit und Aufmerksamkeit füreinander. Verantwortung muss durch Pflicht kompensiert werden.

Vielleicht möchten Sie sich bei der nächsten Steuererklärung daran erinnern, dass Sie mit Ihren Abgaben Bekannten, Unbekannten und sich selbst ermöglichen, dass Straßen von der „öffentlichen Hand" in Stand gehalten werden, Freibäder und Spielplätze uns allen zur Verfügung stehen. Ein breiteres Bewusstsein über diese Zusammenhänge könnte dafür sorgen, dass nicht nur der häufig geäußerte Unmut über die zu zahlenden Gebühren sinkt, sondern dass wir als Staatsbürger:innen und mittlerweile auch EU-Bürger:innen uns als eine große, vielfältig miteinander verbundene Kommunität wahrnehmen könnten.

Auf wirtschaftlicher Ebene wird der Zerfall der sozialen Verbindungen durch die globalen Kreisläufe verstärkt, die zu einer Anonymisierung von Produktion, Handel und Konsum geführt haben. In vielen Fällen denken wir nicht einmal darüber nach, wo bzw. von welchem Unternehmen ein Produkt erzeugt wurde. Oder haben Sie sich schon einmal Gedanken darüber gemacht, welche Firma die Zuggarnitur hergestellt hat, in der Sie täglich zur Arbeit fahren?

Wenn man früher seine Schuhe beim Schuster nebenan anfertigen ließ, hatte man einen persönlichen Bezug sowohl zu der Person, von der sie stammten, als auch zu dem jeweiligen Stück selbst. Das Brot, das ich beim Bäcker kaufe, mit dem ich abends im Musikverein musiziere, schmeckt nicht nur nach etwas, sondern auch nach jemandem.

Ich selbst bekomme immer wieder Kleidungsstücke geschenkt. Wenn ich in eines hineinschlüpfe, widme ich häufig der Person, von der ich es erhalten habe, einen Gedanken und bin mit ihr auf diese Weise verbunden.

Wo Menschen anonym nebeneinander leben, werden sie zur Masse, zur Population, in der nur mehr Quantität zählt. Der Einzelne wird zur Nummer degradiert, es zählt nur, *dass* er anwesend ist, aber nicht, dass *er* anwesend ist, ob als Produzent, Konsument oder Patient. Intuitiv hegen wir Abneigung gegen Anonymität. Wir wollen als einzigartige Personen in unserer Unverwechselbarkeit und Individualität wahrgenommen werden. Das „Individuelle" oder gar „Exklusive" steht hoch im Kurs, sei es bei Mobiliar, Reisen oder medizinischen Behandlungen. Wir möchten besonders behandelt werden, weil wir etwas Besonderes sein möchten, und sind bereit, einen hohen Betrag dafür auszugeben. Eine Freundin erzählte mir, dass ihre vierjährige Tochter von ihrem Opa zu einem ganz besonderen Urlaub eingeladen war. Auf die Malediven, wo eine ganze Insel exklusiv für ihn und seine Enkelin gebucht war, mit Butler selbstverständlich. Als ich das hörte, erschrak ich. Die Vorstellung, als Kind zwei Wochen ohne Spielgefährtinnen auf einer Insel zu verbringen, fand ich entsetzlich. Aber zweifellos, es war eine ganz besondere Reise.

Ein anderer Weg, wie wir versuchen, der Anonymität zu entkommen, besteht darin, uns als möglichst originell zu präsentieren, etwa durch ein auffälliges Äußeres. In Form von Tattoos, Piercings und Kleidungsstücken versuchen wir uns von den anderen abzuheben. Allerdings: Wer sich abhebt, sondert sich auch ab und gelangt wiederum in eine einsame Position. Das Streben nach Einzigartigkeit führt in die Vereinzeltheit.

Gott sei Dank gibt es ein alternatives Mittel gegen Anonymität. Sie verflüchtigt sich, sobald Begegnung stattfindet. Jede und jeder von uns kennt die Momente, in denen man sich unverhofft in ein Gespräch mit dem Sitznachbarn im Konzert, im Warteraum oder in der Straßenbahn verwickelt findet. Oft genug schalten sich noch weitere Personen ein, und für kurze Zeit entsteht eine Verbindung unter Menschen, deren Wege sich zum ersten Mal kreuzen. Wir werden wahrgenommen, nicht weil wir uns von den anderen unterscheiden, sondern weil wir uns für die Begegnung mit ihnen entscheiden. Und ganz nebenbei wird für kurze Zeit aus dem Ich ein Wir.

Vereinsamung durch Technologisierung

Eine weitere Ursache für unser wir-vergessenes Weltbild liegt in dem, was ich Technologisierung des gesamten Lebenswandels nenne. Moderne Technologie hat in Mitteleuropa eine beinahe hundertprozentige Reichweite erreicht. Kaum ein Lebensbereich ist davon unberührt geblieben. Menschen werden von Maschinen und Geräten ersetzt. Als Folge davon brauchen wir einander zu vielen Tätigkeiten nicht mehr. Was früher die Bankangestellte erledigte, macht heute der Automat. Wo früher ein Billeteur Tickets kontrollierte, steht jetzt ein automatischer Schranken. Sogar Sprachen, das Kommunikationsmittel schlechthin, kann man mittels App im Selbststudium lernen. Mit jeder Automatisierung entfällt eine Notwendigkeit zum Kontakt, selbst wenn dieser nur im Gruß beim Abriss einer Eintrittskarte bestand: „Ich wünsche Ihnen ein schönes Konzert!"

Durch die Do-it-yourself-Technologie gewinnen wir den Eindruck, von anderen Menschen unabhängig zu sein. Ich brauche niemanden mehr, der mir Geldscheine auszahlt oder Grammatikregeln erklärt, kann mir alles selbst organisieren, bin auf niemanden angewiesen. Dass der Schein trügt und unsere Angewiesenheit sich lediglich von Menschen auf Maschinen und jene, die sie programmieren, bedienen und warten, verschoben hat, sei nur am Rand angemerkt. Für unser Thema ist vielmehr relevant, dass aus dem Eindruck der Unabhängigkeit verlockend rasch das Gefühl der Machbarkeit erwächst. Alles scheint mach- und planbar, und zwar im Alleingang. Ein Tipp aufs Handy und tausende Hühner im Stall erhalten ihr Futter. Ein Klick und das Wissen von Bibliotheken aus aller Welt ist verfügbar. Wo es früher einer Familie samt Dienstbot:innen oder eines mehrköpfigen Teams bedurfte, genügt heute die Anschaffung eines Gerätes. Das weckt die Illusion der Grenzenlosigkeit. „Unlimited" lautet die Maxime, speziell im digitalen Bereich. Grenzen sind da, um eliminiert zu werden, und wenn diese Grenze andere Personen sind, auch sie.

Dem Bedürfnis nach Autonomie wiederum entspringt der Impetus, Techniken zu entwickeln, mit denen wir unser Leben möglichst selbständig gestalten können. Ein Paradebeispiel dafür ist der Selfie-Stick. Diese Erfindung dient ausschließlich dazu, dass man sich selbst fotografieren kann. Wenn ich andere fotografieren will oder diese mich, ist das Gerät überflüssig. Ich kann mir mein Bild machen. Das ist das Ziel. Technik fördert Autonomie, das Streben nach Autonomie die Technik. Die Spirale setzt sich immer weiter fort.

„Es ist immer noch *mein* Leben!", war der Slogan einer österreichischen Pflegeorganisation, der in riesigen Lettern auf Plakaten prangte. Diesem Satz muss entschieden widersprochen werden, auch wenn das Anliegen, die persönlichen Bedürfnisse von pflegebedürftigen Menschen ernst zu nehmen, nicht in Frage zu stellen ist. Es ist immer auch unser *gemeinsames* Leben. Das *Mein* in dem Slogan insinuiert, dass ich über meine Existenz verfügen kann wie über einen Besitz, also auch über Leben und Tod. Zugleich erweckt es den Eindruck, dass Menschenleben isoliert, losgelöst von anderen besteht. Ich bin allein für mich da.

Gesetzgebungen wie jene über den assistierten Suizid sind die logische Konsequenz aus solchen Überzeugungen. In den Beratungen, die dem Gesetzesbeschluss vorangingen, wurde vorwiegend diskutiert, was diese Regelung für die Sterbewilligen bedeutete. Ob auch die von dem Suizid betroffenen Angehörigen, Freund:innen oder Pfleger:innen einverstanden waren, stand nicht zur Debatte. Im Gegenteil: Die Todesentscheidung sollte möglichst *unabhängig* von der Meinung anderer erfolgen. Welche Implikationen eine solche Entscheidung für das Umfeld, speziell die Bezugspersonen, hatte, wurde als nicht relevant erachtet. Das vom Suizid berührte Wir blieb außer Acht.

Du kannst dich entscheiden, „Schöpferin deines Lebens" zu sein, habe ich in einem Ratgeber gelesen. Derartige Sätze lösen in mir in mehrfacher Hinsicht ein Kopfschütteln aus. Als Christin lebe ich im Bewusstsein, dass ich mein Dasein einer guten Schöpfermacht verdanke, von der mein und alles Leben stammt. Ich kann mein Leben zwar gestalten, aber nicht erschaffen. Auch aus therapeutischer Sicht halte ich solche Aussagen für eine Überforderung. Könnte ich mir mein eigenes Leben kreieren, wäre ich auch alleine dafür zuständig. Das würde eine übermenschliche Verantwortung bedeuten: Wer scheitert, ist selbst schuld. Wer an Krebs erkrankt, hat sich falsch ernährt, und wessen Partnerschaft in Brüche gegangen ist, hat entweder falsch gewählt oder eine Midlifecrisis. Solche latenten Unterstellungen sind Folge dieser Auffassung.

Zurück zur Technologisierung: Technik prägt nicht nur unseren Alltag, sondern auch unser Denken. Beinahe alles kann als Technik konzipiert werden, von der Entspannungstechnik über die Verhandlungstechnik bis hin zur Behandlungstechnik.

Dahinter steht die Vorstellung, dass der Mensch einer Maschine ähnlich „funktioniert". Ich muss nur auf den richtigen Knopf drücken, den richtigen Hebel im richtigen Maß und Moment betätigen, um das erwünschte Ergebnis zu erzielen, sei es bei mir oder bei den anderen. Überspitzt würde das bedeuten, dass ich, etwa als Psychotherapeutin, lediglich die richtige Methode zum richtigen Zeitpunkt korrekt einsetzen müsste, um ein gutes „Behandlungsergebnis" zu erzielen. So, als ob der „Faktor Mensch" von mir als Professionistin schon im Vorhinein zu berechnen wäre. Ein gemeinsames Suchen und Aushandeln, Zusammenhelfen oder gar zweckfreies Zusammensein sind unter diesen Vorzeichen weder notwendig noch wünschenswert. Im Mittelpunkt steht das Ergebnis, das „Produkt" oder der zu erbringende „Service", aber nicht das gemeinsame Dasein.

Ökonomisierung führt zur Isolierung

Neben der Technisierung ist auch die Ökonomisierung des Lebenswandels ein Faktor, der durch und durch lebensbestimmend ist und dazu beiträgt, dass das Wir in den Hintergrund gerät. Die Trennung von Arbeit und Wohnen, die sich speziell im Zuge der Industrialisierung entwickelte, brachte zugleich die Trennung von Erwerbs- und Sozialleben mit sich. Gemeinsam zu arbeiten, bedeutete nun nicht mehr, gemeinsam zu leben. Seither sind Betriebe nicht mehr Lebensräume, sondern Produktionsstätten, in denen es darum geht, mit möglichst wenig, auch personellem Aufwand, möglichst hohe Gewinne zu erzielen. Gemeinschaft als Wert in sich ist unter dieser Prämisse überflüssig. Kommunikation dient lediglich dem Austausch von Information. Gespräche sollen „gestrafft" werden und nur stattfinden, wenn „unbedingt notwendig". „Schluss mit dem Mythos von der offenen Tür!", lehren uns Management-Expert:innen, denn das würde lediglich zu unnötigen Begegnungen führen.

Begegnung braucht Zeit. Zeit aber ist Geld und daher keinesfalls in persönliche Gespräche zu verschwenden, die nicht der Produktivität dienen.

Besonders fragwürdig ist es, wenn derartige ökonomische Prinzipien auf den Sozialbereich angewendet werden: auf Kindergärten, Pflegeheime, betreute Wohngemeinschaften. Dann nämlich gerät das primäre Ziel dieser Einrichtungen aus dem Blick: Leben gemeinsam kreativ und kommunikativ zu gestalten. Ich halte es für ebenso bedenklich wie bezeichnend, dass die Kleinen nicht mehr von „Kindergartentanten", sondern von „Elementarpädagog:innen" und Patient:innen nicht mehr von „Krankenschwestern", sondern von „Pflegepersonal" betreut werden. Im Vordergrund stehen Effizienz und Professionalität. Dadurch mag zwar das fachliche Niveau steigen und der Einzelne professionell behandelt sein, ein lebensförderndes, haltgebendes Zusammensein ist dadurch nicht gewährleistet. Was Kinder, Pflegebedürftige, Behinderte in unseren Betreuungseinrichtungen brauchen, sind weniger ausgeklügelte Pflegekonzepte, detaillierte Hygienerichtlinien oder individualisierte Ernährungspläne, sondern ein Mit- und Füreinander, das Herz und Seele nährt.

Ein weiteres Moment, das unsere Lebenswelt kennzeichnet, ist das hohe Tempo, mit dem wir durchs Leben jagen. Nicht nur im Beruf sollten wir möglichst viel in möglichst kurzer Zeit voranbringen. Schnelligkeit ist ein Ideal, das sich vielerorts einen hohen Stellenwert erobert hat, sei es bei Computerprozessoren, Zugverbindungen oder im Sport. Schneller ist gleich besser. Allerdings: Wer mit hoher Geschwindigkeit unterwegs ist, für den wird alles um ihn zum Hindernis oder gar zur Gefahrenquelle. Wenn ich gemütlich auf dem Weg zur Arbeit bin, habe ich Zeit, in die Gesichter der Menschen zu sehen, vielleicht sogar für ein kurzes Gespräch mit einer Bekannten, die ich zufällig treffe. Habe ich es aber eilig, stehen mir die Passant:innen im Weg, und ich würde nicht einmal bemerken, dass da jemand geht, den ich kenne. Für Kontakt und Begegnung ist weder Platz noch Zeit. Ich bin ganz darauf konzentriert, rasch mein Ziel zu erreichen.

Folge der Geschwindigkeitsmaxime ist ein latenter Eindruck von Flüchtigkeit, der besonders das Lebensgefühl der Digital Natives prägt. Der Psychotherapeut Rainer Funk[40] beschreibt anschaulich, wie sich unsere Wahrnehmung durch die überbordende Menge an Bildern verändert hat, mit denen wir besonders in den sozialen Medien konfrontiert sind. Es wäre für unser Gehirn unmöglich, alle diese Bilder so zu verarbeiten, dass daraus nachhaltige innere Bilder entstehen. Die Wahrnehmung dieser Bilder ebenso wie die von Menschen beschränkt sich daher auf den aktuellen Moment, endet aber, sobald sich etwas anderes vor unsere Augen schiebt. Sie hinterlässt keinen bleibenden Eindruck. Das hat zur Folge, dass auch Begegnungen nur momenthaft wirken, sich aber nicht oder nur vage einprägen. Eine tragfähige Verbindung zu anderen, die auch räumliche und zeitliche Distanzen aushält, kann unter diesen Umständen nicht entstehen. In dem Augenblick, wo die digitale oder leibliche Verbindung zu anderen unterbrochen ist, bin ich wieder allein. Die anderen sind nur präsent, soweit sie online sind.

Wo Beziehung und Verbundenheit fehlen, braucht es einen Ersatz. Funk zufolge wird dieser im individuellen Erleben gesucht und zumindest vordergründig gefunden. „Happy durch Happenings", ließe sich salopp formulieren. Was zählt, ist das Erlebnis. Hauptsache, es ist etwas los, es tut sich etwas. Dabei macht es wenig Unterschied, ob ich an diesem Etwas direkt beteiligt bin oder es als Zuschauerin von außen betrachte. Es geht um das „Special Feeling", das das Event in mir produziert. Die anderen sind lediglich Mittel zum Zweck, nämlich dass ich etwas Besonderes fühle. Das kann die Masseurin beim Wellnesswochenende ebenso sein wie der Formel-1-Fahrer, den ich am Bildschirm gebannt beobachte. Selbst soziales Engagement kann mit dem Ziel eingegangen werden, eine Steigerung des persönlichen Wohlbefindens zu erreichen. Es ist aufregend und noch dazu mit dem Kick des Verbotenen verbunden, auf hoher See nach Flüchtlingsbooten zu suchen oder einen Öltanker zu kapern. Die Begeisterung und das Engagement finden allerdings schnell ein Ende, wenn der Reiz des Neuen und Abenteuerlichen verloren gegangen ist. „Es gibt mir nichts mehr", lautet dann die lapidare Begründung.

Ein Ersatz für das Wir kann weiters im Tun gefunden werden. Speziell Europäer:innen definieren sich häufig über ihre Erwerbsarbeit. „Und, was machst du?", fragt man beinahe standardmäßig in Kennenlerngesprächen. Dabei setzt man als selbstverständlich voraus, dass das Gegenüber unter „machen" seine Berufstätigkeit versteht. Gern erkundigen wir uns auch nach Hobbys und bevorzugten Freizeitbeschäftigungen. Im Zentrum der Aufmerksamkeit steht das Ich in seiner Aktivität. Wer von uns kennt nicht Personen, die ihre Profession ganz in den Vordergrund rücken und dabei das Miteinander mit anderen vernachlässigen. So erstaunt es nicht, dass Redewendungen wie „Der ist mit seinem Beruf verheiratet" Eingang in unseren Sprachgebrauch gefunden haben.

Wenn ich hingegen Menschen etwa aus dem persischen oder arabischen Raum begegne, werde ich als Erstes nach meiner Familie gefragt: Wie viele Kinder und Geschwister ich habe, wo sie denn wohnen? Und beim nächsten Treffen erkundigen sie sich, wie es diesen geht. Ich werde als Mensch im Kontext meiner Kommunität gesehen.

Es gibt also eine ganze Reihe von Umständen, die bewirken, dass uns das Wir ferne liegt. Das Reden und Denken in der Ich-Form hingegen wurde uns mit der Muttermilch mitgegeben und von den ersten Lebensjahren an beigebracht. Schon Kleinkindern wird es als Privileg vermittelt, wenn sie ein eigenes Zimmer erhalten, „für dich alleine". Auch die moderne Schulpädagogik betont gerne, dass sie die *„individuellen* Interessen und Fähigkeiten der *einzelnen* Schüler:innen in den Mittelpunkt stellen" möchte, so auf der Website einer Grundschule.

Anders als in anderen Kulturen müssen wir daher das Leben im Wir neu erlernen. Selbst wenn, wie Alfred Adler meint, das Gemeinschaftsgefühl grundsätzlich in uns angelegt ist, benötigen wir ein Umfeld, das uns unterstützt, es zu entfalten. „Soziales Muskeltraining" nannte mein geistlicher Begleiter das. Leider sind kompetente Trainer:innen und Vorbilder, von denen wir lernen könnten, rar gesät. Am ehesten ergibt sich die Gelegenheit dazu im Kontakt mit Menschen aus Kulturen, die das Wir, wie oben beschrieben, gleichsam in ihren Genen haben.

Wie und wodurch wir gemeinsam diese Dimension des Lebens wiedergewinnen können, sodass sie uns zur Mentalität wird, darum soll es in den letzten beiden Kapiteln dieses Buches gehen. Zuvor wenden wir uns aber den inneren Hindernissen zu, die zwischen dem Ich und dem Wir stehen.

IV.
DIE WIR-VERHINDERER

AUSGRENZUNG MACHT EINSAM

Das Leben ist voller Widerwärtigkeiten. Krankheit, Schmerz und Konflikte gehören zu unserer Existenz. Selbst so lebensspendende Vorgänge wie die Geburt eines Kindes kosten Schweiß, Blut, Weh und in gar nicht so wenigen Fällen das Leben der Mutter. Zugleich erheben wir immer schon Anspruch auf Vollkommenheit. Wir sind dem Irdischen verhaftet und sehnen uns nach dem Paradies. Wir wünschen uns Fülle und erleben Mangel.

Das betrifft besonders jenen Großteil der Menschheit, der in prekären, für uns unvorstellbaren Verhältnissen lebt. Aber auch jede und jeder von uns hat Entbehrungen von Kindheit an erlebt: Die mütterliche Brust versagte die Milch, Geschwisterkinder beanspruchten die Aufmerksamkeit der Eltern, die wir in einem Moment dringend gebraucht hätten. Im Klassenverband fand sich keine Freundin, Regen vermieste den langersehnten Badeurlaub. Nicht zuletzt erfahren wir uns in unserer Leiblichkeit als mangelhaft. Erschöpfung zwingt uns zum Schlafen, Krankheit fesselt uns ans Bett, Gebrechlichkeiten erschweren den Alltag.

Wir alle finden uns in Strukturen, die uns benachteiligen oder einschränken und auf die wir zugleich angewiesen sind. Speziell Kinder und Jugendliche sind von ihren Eltern oder Bezugspersonen abhängig, egal wie diese sie behandeln. Auch für Erwachsene ist es schwer, sich aus unbefriedigenden Konstellationen zu lösen, selbst wenn diese sie in ihrer Entfaltung einengen. Ja, das Leben bleibt uns immer etwas, manchen Menschen sogar sehr viel schuldig.

Alle diese Erschwernisse können sich als Hindernisse vor ein gelungenes Wir-Erleben stellen. Das beginnt bei physischen Einschränkungen, die in die Isolation führen. Begegnung braucht Energie. Doch wer müde ist, hat keine Kraft, die Augen für andere offen zu halten. Long Covid Patienten schildern eindrücklich, wie sehr ihre Symptomatik sie in sozialen Aktivitäten beeinträchtigt. Während andere abends zur Party gehen, fallen sie todmüde ins Bett. Wem insgesamt ein verringertes Maß an Energie zur Verfügung steht, der benötigt diese zunächst, um die basalen Lebensvollzüge zu bewältigen. Wenn Essen und Zähneputzen bereits einen Großteil davon in Anspruch nehmen, bleibt nicht mehr viel übrig für Kontakt und Begegnung.

Ähnliches lässt sich von betagten Personen oder Menschen mit Behinderung sagen. Besonders Einschränkungen in der Mobilität bringen immer auch gesellschaftliche Einschränkungen mit sich. Da wird die Reise zu Verwandten schon beim Einsteigen in den Zug zum Kraftakt. Die wenigen Schritte, die noch möglich sind, wollen genau geplant und gesetzt sein.

Bei Kranken lässt sich zudem beobachten, dass sich der Blick auf die eigene Lage einengt. Ihr Gebrechen zwingt sie dazu, sich mit sich selbst zu beschäftigen. Es wird inhaliert, Blutdruck gemessen, eingecremt usw. Auch die Gespräche mit Besucher:innen kreisen häufig um die aktuellen Beschwerden, das Interesse am Gegenüber ist gering.

Solche Situationen, vor allem wenn sie lange andauern, erfordern besondere Sensibilität und besonderes Engagement, und zwar weniger von den Patient:innen als von den Kommunitäten, denen sie zugehören. Die Kraft, die den Geschwächten fehlt, muss von den anderen kompensiert werden, damit die Verbundenheit untereinander nicht verloren geht.

Körperliche Mängel führen aber nicht nur in eine äußere, sondern auch in eine innere Distanz zu anderen. Wir alle wissen um die Wirkung, die ein auffälliges Erscheinungsbild hat: Phänomene wie Psoriasis, Kleinwuchs oder Adipositas erleben Kinder von klein auf als beeinträchtigend. Spätestens im Kindergarten oder in der Schule erhalten sie neugierige Blicke und unangenehme Kommentare dafür. Dass übergewichtige Kinder wegen ihrer Figur gehänselt und gemobbt werden, gehört zur Tagesordnung. Auch selbst stellen sie fest, dass sie anders sind als die anderen. Der Schluss liegt nahe: „Ich gehöre nicht dazu." Aussehen macht sonderbar und sondert aus. Alfred Adler weist in seinen Schriften immer wieder darauf hin, dass eine menschenfeindliche Haltung häufig der Erfahrung körperlichen Mangels entspringt: „Einer Welt gegenüber, die eigentlich nur für vollwertige Organe geschaffen ist und wo alle Kultur, die das Kind umgibt, mit der Kraft und Gesundheit voll entwickelter Organe rechnet, haben wir dann ein Kind, das […] den Anforderungen des Lebens nicht recht nachkommen kann. […] Es ist bekannt, wie solche Kinder fortwährend […] körperliche und seelische Leiden auf sich nehmen müssen. Sie sind sichtlich nicht angenehm berührt von einer Welt, die nicht recht für sie geschaffen ist."[41]

Die Erfahrung körperlicher Mangelhaftigkeit bewirkt eine existenzielle Verunsicherung. Ich muss zur Kenntnis nehmen, dass ich Etliches nicht kann und bin, obwohl es wünschenswert wäre. Ich muss feststellen, dass andere mich deshalb ablehnen und abwerten, obwohl es Unrecht ist. Es ist die leibhaftige Erfahrung, dass das Leben nicht immer freundlich zu mir ist. Was mir aber einmal widerfahren ist, kann wieder geschehen. Der Boden für die Angst ist bereitet. Und Angst, wie im Folgenden noch deutlich werden wird, gehört zu den stärksten Faktoren, die uns blockieren auf dem Weg zum Wir.

Armut macht einsam

Was von körperlichen Defiziten gesagt wurde, lässt sich weitgehend auf ökonomischen Mangel übertragen und steht häufig damit in Zusammenhang. In sämtlichen Armutskonferenzen wird darauf hingewiesen, dass Geldnot soziale Ausgrenzung mit sich bringt. Für gesellschaftliche Teilhabe, vom Tanzkurs bis zum Popkonzert, sind finanzielle Mittel nötig. Wo diese nicht vorhanden sind, können Menschen nicht „mit dabei sein". Armut beeinträchtigt sowohl das persönliche Wohlbefinden als auch das Zusammenleben. Eine ungleiche Güterverteilung ist der Nährboden für Neid, der wiederum Aggression und Unzufriedenheit erzeugt. „Mama, gibst du mir Geld für das Dorffest?", belagert eine Jugendliche ihre Mutter und löst damit eine Diskussion zwischen ihren Eltern aus, in der einer dem anderen vorwirft, das Geld „beim Fenster hinauszuwerfen". Der wirtschaftliche Druck erzeugt Spannungen, die das Miteinander stören. Darüber hinaus lösen finanzielle Notlagen Existenzängste aus, die Menschen in einen Kampfmodus versetzen. Es ist der Kampf ums Überleben, und in diesem Kampf gehen Menschen über Leichen.

Viele Betroffene schämen sich zudem für ihre Situation und nehmen Unterstützung nicht an, wenn sie angeboten wird. Unter allerlei Vorwänden ziehen sie sich zurück. Sie machen sich selbst verantwortlich für ihre Notlage, fühlen sich schuldig und unfähig. Ein weiterer Stolperstein auf dem Weg zum Wir ist gelegt: das Gefühl der Minderwertigkeit.

Minderwertigkeit isoliert

Das Gefühl der Minderwertigkeit ist eine maßgebliche Ursache dafür, dass es Menschen nicht gelingt, sich in einer Gruppe oder Gemeinschaft aufgehoben zu fühlen. Als Folge isolieren sie sich präventiv, um dem Gefühl der Unterlegenheit zu entgehen, oder der Kontakt ist vom permanenten Gefühl begleitet, inkompetent, langweilig, fehlerhaft zu sein. Indem sie sich für kleiner als die anderen halten, verhindern sie, dass Begegnung auf Augenhöhe stattfindet.

Manche Personen entwickeln eigentümliche Verhaltensweisen im Umgang mit ihrer subjektiven Unterlegenheit: Die einen legen eine Unterwürfigkeit an den Tag, die peinlich berührt, während andere fortlaufend damit beschäftigt sind, ihr Wissen und Können unter Beweis zu stellen. Immer aber fühlt sich das Gegenüber unbehaglich, weil es merkt, dass hier jemand etwas zu sein vorgibt, was er nicht ist, während sein wahres Ich verborgen bleibt.

Überforderung fördert nicht

Das Leben stellt Forderungen, und nicht immer sehen wir uns diesen gewachsen. Wenn eine Herausforderung zur Überforderung wird, kann das dazu führen, dass die Verbindung untereinander abreißt.

Denken Sie an Aufgaben, etwa im beruflichen Kontext, die uns total in Beschlag nehmen. Ich richte mein gesamtes Augenmerk auf eine Sache, ein Vorhaben, einen Fall etc. Der Fokus liegt auf *etwas* statt auf *jemandem*.

Rainer Funk meint, dass der Entwurf der eigenen Identität zu so einem Vorhaben werden kann.[42] In einer Welt, die scheinbar alle Möglichkeiten bietet, würden speziell junge Menschen viel Energie und Zeit in das Projekt der „chronischen Selbsterfindung" stecken, so der Psychoanalytiker. Beziehungspflege, „Networking" wird aus dieser Perspektive zu einer Aufgabe, die möglichst erfolgreich bewältigt werden muss. Das Gegenüber ist dabei lediglich ein mehr oder weniger berechenbarer Faktor, den es einzukalkulieren gilt. Verbindungen und Kontakte sind primär von Interessen geleitet.

Auch Gruppensituationen können überfordernd sein. Eine junge Studentin wird in ihrem ersten Seminar unter Höhersemestrigen vermutlich fachlich nicht mithalten können, der Lehrling auf der Baustelle im wahrsten Sinn des Wortes danebenstehen, wenn die Kollegen darüber fachsimpeln, wie sie ihren Auftrag am besten erledigen. „Da fühle ich mich außen vor", sagte eine Klientin zu mir, als sie ihr Gefühl der Isoliertheit in einer derartigen Konstellation beschrieb. Diese Gefühle sind unangenehm, wir versuchen sie zu vermeiden. Die Gefahr besteht darin, sich solchen Situationen und damit der Gemeinschaft zu entziehen. Das kann offenkundig oder ganz subtil geschehen. Die Studentin beschließt vielleicht, nicht mehr an dem Seminar teilzunehmen. Oder sie zieht sich innerlich zurück, indem sie gedanklich abschaltet. Das sei alles viel zu abgehoben, könnte sie ihren Freundinnen erzählen und sich in abfälligen Bemerkungen über die „Besserwisserei" ihrer Mitstudent:innen ergehen.

Neben intellektuellen und fachlichen gibt es auch soziale und emotionale Anforderungen, die uns überfordern und das Miteinander beeinträchtigen. Sie sind oft unterschwellig wirksam, und es ist nicht leicht zu unterscheiden, wie weit sie aus uns selbst oder den Erwartungen der anderen stammen. „Ich darf keine Fehler machen!", wäre so eine Forderung, etwa in einer Arbeitsgruppe. In einer Schulklasse könnte die unausgesprochene

Regel gelten: „Ich muss immer cool sein." Und am Stammtisch hieße die Devise: „Ich muss immer gut gelaunt sein."

Bei genauer Betrachtung wird schnell klar, wie unerfüllbar, ja unmenschlich sie sind. Kein Mensch kann immer gut gelaunt sein. Und wer von uns macht keine Fehler? Mit diesen geheimen Regeln setzen wir uns und andere unter Druck. Sie verhindern, dass der oder die Einzelne sich unbefangen zeigen und bewegen kann, auch mit seiner schlechten Laune und Unzulänglichkeit. Die Gruppe wird zur Gefahrenzone, anstatt sicherer Ort zu sein.

Auch in kirchlichen Kreisen nehme ich solche Gebote und Verbote wahr. Sie werden oft unter Berufung auf die Bibel aufgestellt. Besonders häufig begegnet mir eine verkürzte Variante des biblischen Liebesgebotes. „Du sollst deinen Nächsten lieben …", lautet die Weisung, die zweifellos überfordert, wenn der zweite Teil des Satzes verschwiegen wird: „… wie dich selbst." Nächsten- und Selbstliebe geraten in Konkurrenz. Ich und Wir, das Wohl der Gemeinschaft und des Einzelnen werden gegeneinander ausgespielt, anstatt in ihrer Bezogenheit vermittelt zu werden. Der Schluss liegt nahe: Ich bin nur dann würdig, in die Gemeinschaft aufgenommen zu werden, wenn ich als gute Christin, als guter Mensch die anderen mehr liebe als mich selbst, meine eigenen Impulse und Wünsche hintanstelle. Wer sich selbst liebt, wird ausgesondert.

Unsicherheit trennt

Sicherheit ist ein Grundbedürfnis im menschlichen Dasein. Wir brauchen ein gewisses Maß an Planbarkeit und Überschaubarkeit. Wir brauchen die innere Gewissheit, dass wir mit den Herausforderungen des Lebens zurechtkommen und dass wir handeln können, wenn uns etwas nicht passt. Weiters brauchen wir Sicherheit über unser eigenes Selbst, ein Wissen darüber, wer wir sind, was wir können und wie wir ticken. Der viel bemühte Begriff der „Selbstsicherheit" bedeutet ja nicht primär, dass ich mich *gegen* andere durchsetzen, sondern dass ich *für* mich entscheiden kann, wie ich Leben gestalten und mich zu den Umständen verhalten möchte.

Das Wir ist komplex. Da bin ich, mich selbst immer wieder als abgründig entdeckend, da sind die anderen, jede und jeder ein Geheimnis für sich. Und da sind wir zusammen, in sich ständig verändernden Verhältnissen wie in einem improvisierten Tanz, in dem nur der Takt der Zeit und die Grenzen des Raumes vorgegeben sind. Schritt für Schritt ergeben sich, eine aus der anderen, neue Figuren, neue Konstellationen, von denen keine der anderen gleicht. So widersetzt sich das Wir unserem Bedürfnis nach Berechnung und Schematisierung. Es lässt sich weder definieren noch prognostizieren. Sich auf ein Wir einzulassen, bedeutet immer auch, sich einer ungewissen Entwicklung auszusetzen.

Es ist verständlich, dass Menschen sich zuweilen mit dieser Komplexität überfordert fühlen. Wer wird bei der Party am Samstagabend dabei sein? Wird sich jemand mit mir unterhalten und was soll ich antworten? Wie muss ich mich verhalten, um „gut anzukommen"? Fragen über Fragen, die in scheinbar banalen Situationen auftauchen. Um sich ihnen nicht stellen zu müssen, ziehen sich Menschen zurück auf den Standpunkt: Ich habe genug mit mir selbst zu tun. Die anderen können bleiben, wo sie sind. Weit genug weg, um nicht zur Bedrohung zu werden. Aber auch zu weit weg, um mit ihnen in Verbindung treten zu können.

Auch Veränderungen werden von Menschen, denen es an Selbstsicherheit fehlt, als bedrohlich erlebt. Neues stellt für sie eher eine Gefahr als eine Gelegenheit dar. Besonders verunsichernd wirkt das Fremde, das von außen herankommt. Das beginnt bei der neuen Arbeitskollegin und endet beim Dauerthema Migration.

Das Fremde ist unbekannt und anders. Während aber das Unbekannte mit der Zeit bekannt wird, bleibt das Andere bestehen. Von der neuen Arbeitskollegin wissen wir zu Beginn nicht, wer sie ist und wie die Zusammenarbeit mit ihr funktionieren wird. Nach einiger Zeit werden wir einander kennen, doch die Unterschiede bleiben bestehen. Dem einen ist Schnelligkeit wichtig, der anderen Genauigkeit, der eine beginnt gern frühmorgens, die andere legt lieber eine Nachtschicht ein. Wenn aber die andere anders ist, bin ich es auch. Unwillkürlich fragen wir uns: „Was und wer ist besser?", „Wer hat Recht, wer hat Unrecht?" Oder vielleicht sogar: „Sie ist so, und wie bin ich eigentlich?"

Das Fremde bringt Fragen mit sich, Fragen, die unbequem und anstrengend sind und letztlich uns selbst in Frage stellen können und verunsichern. Die Unsicherheit über uns selbst macht es schwierig, unterschiedliche Standpunkte auszutauschen und gemeinsam daraus Perspektiven zu entwickeln. Einfacher ist es, Fremdes und Fremde fernzuhalten. Wir halten sie auf Abstand mit Mauern, Grenzen oder Ideologien. Rassismus und Fremdenfeindlichkeit etwa sind klare Trennlinien zwischen *uns* und den *anderen*. Die Definition ist einfach: Wir hier sind die Klügeren und Besseren, die anderen sind hinten oder überhaupt die Letzten. Ein Miteinander kann unter diesen Umständen nicht entstehen. Es liegt uns ebenso fern wie die anderen, ist weder vorstellbar noch erwünscht.

DIE ANGST VOR DEM WIR

Ob Minderwertigkeit, Überforderung oder Unsicherheit: Sie alle sind verbunden mit dem Gefühl der Angst. Angst wird zu den sogenannten Basisemotionen gezählt und bildet eine Grundkonstante in unserem Leben.

Während in unserer mitteleuropäischen, zivilisierten und technisierten Welt die Angst vor dem Tiger oder dem Blitzschlag großteils weggefallen ist, bleiben soziale Ängste bestehen. Sie sind vielfältig und haben unzählige Facetten. Gemeinsam ist ihnen, dass sie separieren. Angst ist nicht nur ein schlechter Ratgeber, sondern auch ein schlechter Beziehungsmanager. Zugleich gehört Angst zu jenen Gefühlen, die wir nur ungern wahrnehmen. Wenn wir sie verspüren, möchten wir ihr rasch entkommen, schieben sie weg.

In der Psychotherapie unterscheiden wir drei Grundformen der Angst: die Angst vor Ablehnung, die Angst vor Vereinnahmung und die Angst vor Vernichtung. Alle diese Ängste sind je nach Persönlichkeit in unterschiedlichen Ausprägungen präsent und bestimmen unser Beziehungsverhalten mit.

Die Angst vor Ablehnung entspringt unserem tiefen Wunsch, angenommen und anerkannt zu werden. Sie schwingt mit in Fragen wie: „Wer wird mit mir heute im Pausenraum reden?", „Wird sich jemand freuen, wenn ich zum Fest komme oder bin ich den anderen ohnehin egal?", „Werde ich schief angesehen, wenn ich mich vor Publikum zu Wort melde?"

Am einfachsten ist es, wenn ich versuche, solchen Situationen zu entgehen. Ich vergrabe mich in meiner Arbeit, anstatt mit den anderen Kaffee zu trinken, sage die Party ab oder schweige, anstatt das Wort zu ergreifen. Vielleicht finde ich für mein Verhalten sogar eine vernünftige Begründung: „Ich habe Wichtigeres zu tun, als in der Pause Smalltalk zu führen.", „Das Fest ist ohnehin ein einziges Besäufnis.", „Ich bin vornehm genug, um anderen das Wort zu lassen."

Indem ich mich den anderen entziehe, entgehe ich ganz sicher der Gefahr der Ablehnung. Ganz sicher entgeht mir dabei aber auch die Erfahrung, die ich mir sehnlich wünsche: willkommen geheißen, gesehen und gehört zu werden.

Eine andere Angst besteht darin, nur dann geschätzt zu werden, wenn ich gewisse Bedingungen erfülle: „Nur solange ich gute Leistungen erziele, bin ich ein angesehener Kollege", lautet so eine Befürchtung, oder: „Die laden mich nur wegen meiner Position im Ministerium ein." Um mit diesen „konditionalen Ängsten" zurechtzukommen, gehen viele Menschen den Weg der Anpassung. Sie versuchen, jene Bedingungen zu erfüllen, die sie für notwendig halten, um dazuzugehören, und wenden viel Energie dafür auf, die Erwartungen zu erfüllen, von denen sie *meinen*, dass andere sie stellen. Zugleich verstecken sie jene Anteile von sich, die sie für nicht attraktiv oder beschämend halten. Leider ist diese Strategie nicht nur anstrengend, sondern auch unbefriedigend. Denn was sie von sich zurückhalten, enthalten sie auch der Gemeinschaft vor. Und ihre Sehnsucht, als Ganze gesehen und angenommen zu werden, bleibt unerfüllt.

Komplementär zur Angst, von der Gemeinschaft abgelehnt zu werden, ist die Angst, von der Gruppe gefangen genommen, vereinnahmt zu werden. Dahinter steht die Vorstellung eines fordernden Wir, das mehr verlangt, als ich zu geben bereit bin. Die Angst vor Vereinnahmung äußert sich darin, dass Menschen sich nicht gern verpflichten und binden. Sie befürchten, ihre Freiheit zu verlieren. Bindung heißt für sie, festgebunden zu sein. Verbunden und angebunden zu sein, wird verwechselt oder auf unselige Weise verknüpft. Ihre Haltung gegenüber dem Wir ist folglich von Zurückhaltung gekennzeichnet. Sie begegnet uns in all den Personen, die Zusagen zu einem Treffen oder Projekt immer unter dem Vorbehalt eines „Vielleicht" oder „wenn es sich ausgeht" machen. Letztlich sind sie immer nur halb dabei, mit einem Fuß drin, mit dem anderen schon startklar für die Flucht.

Die Angst vor Vernichtung ist vielleicht am schwierigsten erkennbar. Sie besteht in der allgemeinen Annahme, dass es der andere nicht nur nicht gut mit mir meint, sondern mir etwas Böses will. Auf diese Form der Angst werden wir noch zurückkommen.

Zuvor möchte ich aber eine Verhaltensweise erwähnen, die häufig aus der Angst erwächst und die sich ebenfalls nachhaltig beziehungsschädigend auswirkt: Lüge. Wer lügt, zeigt sich nicht, etwa aus Sorge, verlacht oder ausgegrenzt zu werden. Lügen, Unwahrheiten und Halbwahrheiten lassen stets Fragen offen: Was willst du, fühlst du, denkst du in Wirklichkeit? Man lässt die anderen im Unklaren über sich, sodass das Gegenüber nicht weiß, mit wem man es zu tun hat und welcher Art das Zueinander ist.

Lüge hat viele Gesichter. Fake News, Fake Bilder, Korruptions- und Plagiatsfälle sind ihre modernen Formen. Sie schaffen ein Klima der Verunsicherung, in dem für naiv erklärt wird, wer dem anderen „einfach vertraut", und sich Misstrauen als gesellschaftliche Grundhaltung etabliert. Sozialer Zusammenhalt kann sich unter solchen Bedingungen nur schwer entwickeln.

DER WILLE ZUR MACHT UND ZUM MEHR

Der Wille zur Macht

„Regungen des Strebens nach Macht und Überlegenheit" gehören für Alfred Adler zu den Kräften, „deren feindlicher Einwirkung das Gemeinschaftsgefühl am stärksten ausgesetzt ist"[43]. Wer nach Macht strebt, verliere nicht nur den Kontakt zu den anderen, sondern zum Leben insgesamt. Das sind kräftige Worte. Dabei ist zu beachten, dass der Analytiker sich nicht auf Macht im Sinne gesellschaftlicher Teilhabe bezieht, sondern auf den fortdauernden Versuch des Individuums, im täglichen Geschehen Macht zu gewinnen bzw. zu verspüren. Für Adler sind diese Verhaltensweisen ein Mittel, um eigenen Mangel zu kompensieren: Machtstreben als Gegenbewegung zur Minderwertigkeit. Während sich der Minderwertige klein und unterlegen fühlt, möchte der Machtgierige sich und anderen Größe und Überlegenheit beweisen. Es ist leicht ersichtlich, dass das eine aus dem anderen resultiert. Was an beiden Polen nicht gelingt, ist Ebenbürtigkeit, Begegnung auf Augenhöhe.

Menschen, die um ihre Größe ringen, tendieren dazu, sich mit anderen zu vergleichen. „Wer hat die bessere Figur?", „Wer ist beliebter?" bis hin zu: „Wer ist der bessere Mensch?" Der Vergleich führt in ein Gegeneinander, obwohl ein Miteinander intendiert ist. Denn hinter der zur Schau gestellten Größe verbirgt sich in vielen Fällen der Wunsch nach Zugehörigkeit: „Schaut, ich bin gut genug, um zu euch zu gehören!", lautet die Botschaft hinter Wichtigtuerei und großspurigem Auftreten.

Der Vergleich ist zudem meist auf Quantität fokussiert. Es geht um besser, schöner, stärker, usw. Hintan bleibt der Blick auf die je individuelle Qualität. „Hallo, wer bist du eigentlich?", „Was macht dich aus?" Solche Fragen haben im Vergleich keinen Platz, sie wären aber der Schlüssel zu Begegnungen, in denen nicht die Position, sondern die Person im Vordergrund steht.

Der Wille zur Macht drängt in die Konkurrenz und den Wettkampf. Beides findet sich in allen Formen von Gruppen und Gemeinschaften. Geschwister eifern um die Aufmerksamkeit der Eltern, Jugendliche um das trendigste Outfit, Teams um die Gunst der Vorgesetzten. Selbst in Gruppen, in denen ein gelungenes Zusammenwirken ausschlaggebend für deren Erfolg ist, finden sich Rivalitäten. Musiker:innen berichten von erbitterten Kämpfen um Auftritte und Engagements, nicht selten zwischen jenen, die abends gemeinsam vor dem Publikum konzertieren.

Solche Wettkämpfe können durchaus im Dienst des Lebens stehen, solange sie auf lustvolle Weise dazu motivieren, sich in seiner Profession weiterzuentwickeln. Destruktiv wird Konkurrenz dann, wenn die anderen nicht als *Mit*streiter:innen, sondern als *Kontra*hent:innen betrachtet, gefürchtet und bekämpft werden.

Konkurrenz erzeugt Spannung. Wer an erster Stelle steht, muss sich permanent anstrengen, um diesen Platz zu behalten. Ich bin ganz darauf konzentriert, meine Position zu verteidigen. Der Blick auf die anderen verengt sich, die Energie geht in den Erhalt der Stellung, anstatt in die Begegnung.

Schließlich macht das Streben nach Größe und Überlegenheit einsam. Nicht nur, weil ich „oben" ganz alleine bin, sondern auch, weil meine Bestrebungen häufig Rivalität oder Abwertung hervorrufen. Je mehr Abwertung mir entgegenschlägt, umso mehr muss ich wiederum Größe beweisen. Ein Teufelskreislauf, der sich über Menschenleben und Generationen erstrecken kann.

Es ist eine traurige Tatsache, dass Personen, die um Macht ringen, häufig ihr Ziel nicht erreichen. Selbst wenn sie hohe Funktionen und Ämter erstritten haben, fühlen sie sich innerlich unsicher und klein. Sie ahnen, dass sie nicht um ihrer selbst willen angesehen sind, sondern aufgrund ihrer Position. Am Ende bleiben sie *sich* und ihren Zielen ebenso fern wie dem *Wir* und ihrer Sehnsucht.

Der Wille zum Mehr

Parallel zum Streben nach Macht verläuft die Dynamik des Strebens nach Mehr.

Der Wille zum Mehr scheint dem Menschen inhärent. Mit dem Gleichvielen geben wir uns nicht zufrieden. Zu nahe liegt es dem Weniger. Und dieses Weniger möchten wir von uns fernhalten.

Größer sein und mehr haben wollen gehen oftmals Hand in Hand. Entscheidend ist jeweils die Differenz. Ich möchte mehr sein bzw. mehr haben als bisher oder mehr besitzen als die anderen. Ebenso wie Machtstreben kann auch das unersättliche Bemühen um Besitzanhäufung den Menschen derart in Beschlag nehmen, dass er den Blick für die anderen verliert. Die Beschäftigung, sei es mit Aktienkursen oder Sonderangeboten, nimmt Gedanken und Energie in Anspruch. Das Resultat ist mehr Besitz, aber weniger Raum für Begegnung und Beziehung.

Der Wille zum Mehr schädigt das Wir insofern noch mehr, als es häufig auf Kosten der anderen geht. Mein Mehr bedeutet ein Weniger für andere.

Das ist nicht immer auf den ersten Blick ersichtlich. Ich habe bereits auf die komplexen Strukturen der weltweiten Markt- und Handelsbeziehungen hingewiesen. Sie machen es uns nicht leicht, den Zusammenhang zwischen unserem Reichtum und der Armut anderer zu erfassen. Dennoch ist er nicht weniger wahr und wirksam. Hinter einem Großteil der Kriege stecken internationale Interessen im Kampf um Rohstoffe und Bodenbesitz. Viele Menschen sehen sich aus wirtschaftlichen Gründen gezwungen, ihre Heimat und ihre Familie zu verlassen. Andere haben sich an ihrem Land bedient, sodass es jetzt ausgetrocknet und abgeholzt ist. „Wir sind hier, weil Sie dort waren", macht der aus Sri Lanka stammende Rassismusforscher Ambalavaner Sivanandan[44] auf diese Verstrickungen aufmerksam. Dass sie sich zerstörerisch auf ein gelungenes Zusammenleben auswirken, von der Einsamkeit der Migrantin bis zum Waffengefecht, Soldat gegen Soldat, braucht wohl nicht weiter ausgeführt zu werden.

Ein Wille zum Bösen?

Wir müssen nüchtern feststellen: Es gibt im Menschen nicht nur die Neigung zu Entwicklung und Kooperation. Es gibt in uns ebenso den Hang zum Bösen und zur Zerstörung, eine Lust daran, anderen wehzutun und andere zu quälen. Nicht umsonst sprechen wir von Schaden*freude* und Rache*gelüsten*. Der Mensch ist gut und böse, er kann liebevoll sein und zuweilen herzlos. Er findet Gefallen daran, aufzubauen und niederzureißen. Schon bei kleinen Kindern können wir das beobachten. Sie stellen einen Legoturm ebenso freudig auf, wie sie ihn unmittelbar danach lustvoll kaputt machen. Ich erinnere mich mit Schaudern an einen älteren Nachbarsbuben, der Fliegen fing und sie noch lebend genüsslich in alle Einzelteile zerlegte. Eine grausame Prozedur, fand ich schon damals. Aber: Warum habe ich zugesehen, angewidert und gebannt zugleich?

Zweifellos, das Böse übt eine Faszination aus, die eine Unzahl an Peinigern und Gefolterten hervorgebracht hat und nach wie vor hervorbringt. Wie sonst wären die Kreativität und der Einfallsreichtum zu erklären, mit denen Menschen bis heute eine Vielfalt an Foltermethoden und Marterinstrumenten erdacht haben, um andere zu quälen. Wo bleibt an dieser Stelle das vielzitierte „soziale Gen"?

Erich Fromm deutet die destruktive „Liebe zum Toten" als eine, wenn auch misslungene Form, in der sich der Mensch als wirksam und gestaltend erfährt. Ihm zufolge greifen vor allem jene Menschen darauf zurück, die keine Möglichkeit sehen, sich in ihrer Umgebung produktiv einzubringen. Wenn Menschen sich in Gemeinschaften hilflos, ausgeliefert oder unbeachtet fühlen, finden sie in Zerstörung und Gewalt einen Weg, um sich wieder als potent und handlungsfähig zu erleben. Fromm geht so weit, diese Verhaltensweisen als Transzendenzerfahrung zu interpretieren: „Leben zerstören heißt ebenfalls, es zu transzendieren und dem unerträglichen Leiden völliger Passivität zu entrinnen […] Der Mensch, der nichts erschaffen kann, will zerstören."[45]

„Sünde" – ein Beziehungsthema

Die Tendenz des Menschen zum Bösen wurde auch in der christlichen Theologie vielfältig durchdacht. Dabei wurde Sünde leider überwiegend legistisch als Verstoß gegen ein göttliches Gesetz dargestellt: Durch die Sünde machte sich der Mensch zum Gesetzesbrecher, der spätestens nach dem Tod seine angemessene Strafe erhalten wird.

In den Hintergrund geriet dadurch der Beziehungsaspekt, der Sünde wesenhaft innewohnt. Immerhin leitet sich das mittelhochdeutsche Wort sünden (*sunden*) vom Adjektiv *sunder* (abgesondert, alleinstehend, einsam) ab. Das Übel der Sünde liegt ja primär darin, dass es das Miteinander stört, wenn nicht sogar zerstört. Das gilt für die Beziehung zu anderen ebenso wie für die Beziehung zu sich selbst und die Beziehung zu Gott.

Die Bibel weiß um die gemeinschaftsschädigende Kraft des Sündhaften und beschreibt sie von Anfang an. Die berühmte Geschichte vom „Sündenfall" aus den ersten Kapiteln des Buches Genesis schildert die Entfremdung des Menschen, voneinander und von Gott: „Da gingen beiden die Augen auf und sie erkannten, dass sie nackt waren. Sie hefteten Feigenblätter zusammen und machten sich einen Schurz. Als sie an den Schritten hörten, dass sich Gott, der Herr, beim Tagwind im Garten erging, versteckten sich der Mensch und seine Frau vor Gott."[46]

Auch die in der Bibel zitierten Zehn Gebote benennen basale asoziale Verhaltensweisen und erteilen ihnen eine klare Absage: „Du sollst nicht töten!", „Du sollst nicht stehlen!" usf. Die Gebote warnen also vor einem Verhalten, das den Zusammenhalt schwächt, und skizzieren gleichzeitig die Rahmenbedingungen für eine Kultur des Miteinander vor Gottes Angesicht.

DAS LEBEN IM WIR WILL GELERNT SEIN

Wer ein liebesvolles Miteinander niemals erfahren hat, sondern nur ein Nebeneinander oder Gegeneinander kennt, wird dieses als normal empfinden und als gegeben hinnehmen. Immer wieder sitze ich Klient:innen gegenüber, die in ihren Familien nie gespielt und Mahlzeiten stets vor dem Fernseher eingenommen haben. Kindern, die in einer Umgebung emotionaler Kälte und Beziehungslosigkeit aufwachsen, geht dieses Lebensgefühl regelrecht in Fleisch und Blut über. Sie können kein Gespür für Wärme und Geborgenheit entwickeln und vermissen es auch nicht. Zugleich wird ihr Unvermögen auch das Verhalten anderer gegenüber prägen. Sie kennen ja nichts anderes. Möglicherweise empfinden sie es sogar als befremdlich und unangebracht, wenn ihnen andere mit überschwänglicher Warmherzigkeit begegnen.

Meist aber werden sie ohnehin entsprechend den Signalen behandelt, die sie unbewusst aussenden und mit denen sie vermitteln: „Komm mir nicht zu nahe!" Als Eltern werden sie mit ihren Kindern ebenso umgehen, wie sie es selbst erlebt haben. So setzt sich wir-hinderliches Verhalten über Generationen fort. Wir wissen es speziell von Gewalt- und Missbrauchserfahrungen: Aus Opfern werden Täter, die ihrerseits neue Opfer kreieren.

Und doch: Trotz aller Erfahrungen von Distanz und Abweisung ist der innige Wunsch nach Zugehörigkeit und Gemeinschaft kaum auslöschbar. Selbst Kinder, die von ihren Eltern beschimpft, lächerlich gemacht oder ignoriert werden, wenden sich diesen unbeirrbar immer wieder zu. Nach wie vor lebt in ihnen die Hoffnung, von Mama oder Papa getröstet und liebkost zu werden. Auch wenn sie brutal weggestoßen werden, laufen sie, kaum dass sie sich aufgerappelt haben, wieder auf den gewalttätigen und schimpfenden Elternteil zu. Ähnlich agieren viele Erwachsene. Sie lassen sich Tag für Tag von ihrem Partner bzw. ihrer Partnerin demütigen und misshandeln in der Hoffnung, endlich das ersehnte Wort der Zuneigung zu erhalten.

Letztlich sind es erstaunlich wenige, bei denen sich nach und nach und mit zunehmendem Alter eine harte Schicht über das verwundete Herz bildet. Dann stehen wir einem kaltherzigen, abgestumpften Menschen gegenüber, der sich von niemandem erschrecken, aber auch von niemandem berühren lässt. „Wenn wir die Fähigkeit eingebüßt haben, innerlich angerührt zu werden von der Not eines anderen menschlichen Wesens, vom freundlichen Blick eines anderen [...], besteht keine Hoffnung mehr"[47], schreibt Erich Fromm am Ende seines Buches. Eine düstere Vision, der nur das gemeinsame, intensive Mühen um Verbindung zu den Entfremdeten entgegenwirken kann.

Sprachlosigkeit

Ein weiteres Phänomen, das unser Zusammenleben beeinträchtigt, ist die Sprachlosigkeit, die verbreitet wahrzunehmen ist. Sie ist auch in Kommunitäten anzutreffen, in denen ein enger Austausch zu erwarten wäre, in Familien, Freundesgruppen oder geistlichen Gemeinschaften. Man kann sich über vieles prächtig unterhalten, aber wenn es darum geht, die eigenen Beziehungen ins Wort zu bringen, herrscht Ratlosigkeit. Das macht sich besonders in Situationen bemerkbar, in denen es ums „Eingemachte" geht. Da sitzt der Vater, der vor einer Woche zu einer anderen Frau gezogen ist, seinen Kindern stumm gegenüber. Von einer Klassenkollegin stirbt die Schwester, doch niemand wagt es, sie darauf anzusprechen. Das Ungesagte aber bleibt im Raum stehen, es schiebt sich wie ein Hindernis zwischen die Personen, sodass jedes weitere Wort daran abprallt oder in eine falsche Richtung geht. Missverständnisse entstehen, die Kommunikation gerät ins Stocken, reißt im schlimmsten Fall ganz ab.

Reden, miteinander und übereinander, will gelernt sein. Im Idealfall stehen dafür gelungene Vorbilder zur Verfügung. Ich höre, wie andere Konflikte ansprechen, einander Sorgen und Ängste mitteilen und einfühlsam nachfragen. Ohne diese Vorbilder fehlen das nötige Vokabular und ein geschütztes Übungsfeld. Es ist wie beim Erlernen einer Fremdsprache. Ich muss mir einen Wortschatz aneignen, mit dem ich mich ausdrücken kann.

Ich brauche ein Gegenüber, das mich versteht und mir klar und deutlich antwortet. Am besten aber lerne ich die Sprache in einem Umfeld, in dem sie täglich gesprochen wird.

IDEALES ICH UND REALES WIR

Ebenso wie wir-hinderliche Kommunikationsformen übernehmen wir auch Ideale und Menschenbilder, die uns die Erfahrung von Zusammenhalt und Verbundenheit erschweren.

Als ich einer neuen Kollegin im Heim meine Anerkennung dafür aussprach, wie schnell sie sich eingearbeitet und unsere Bewohner:innen kennengelernt hatte, meinte sie: „Ich mag immer alles wissen, damit ich niemanden um etwas fragen muss. Man muss ja alleine zurechtkommen." Ich war betroffen. Aus ihrer Antwort klang ein tiefgründiges Gefühl von Verlassenheit, das nicht damit rechnete, von anderen Unterstützung zu bekommen. Die Idee, dass man sich selbstverständlich im Team hilft und ergänzt, lag für sie außerhalb des Vorstellbaren. Als ich nachfragte, erzählte sie, dass sie in ihrer Vergangenheit über lange Zeit auf sich gestellt gewesen war und sich ohne Unterstützung hatte durchkämpfen müssen. Diese Erfahrung hatte sich zu einer Lebenshaltung kondensiert, die hieß: Ich muss es alleine schaffen.

Eine noch pessimistischere Grundhaltung kommt in dem lateinischen Zitat zum Ausdruck: *homo homini lupus.* „Der Mensch ist dem Menschen ein Wolf." Man steht nicht nur alleine da, sondern muss überdies damit rechnen, von anderen angegriffen, vernichtet zu werden. Zwar wird es kaum so drastisch formuliert, aber hinter vielen Verhaltensweisen verbirgt sich diese Annahme. Erbitterte Konkurrenzkämpfe und rücksichtslose

Machtstreitigkeiten werden damit gerechtfertigt, dass man sich wehren *müsse*, um bestehen zu können, nach dem Motto: Wenn ich nicht zuschlage, schlägt mich der andere. Ein Miteinander ist unter dieser Prämisse nur in Form von Zweckgemeinschaften denkbar. Bündnisse und Allianzen werden geschlossen, um sich gegen weitere Konkurrenten abzusichern. Solche Verbindungen halten naturgemäß genau so lange, als sich beide Seiten davon einen Gewinn versprechen. Ein Miteinander um einander willen liegt außerhalb des Horizonts.

Neben diesen offensichtlich dystopischen Bildern vom Menschen und der Menschheit gibt es auch Vorstellungen, die sich auf verdeckte Weise destruktiv auf das Zusammenleben auswirken. Dazu gehören idealistische und idealisierende Ideen, an die die Realität niemals herankommen kann. Häufig sind es Mütter, in deren Kopf sich das idyllische Bild der friedlich um den Mittagstisch sitzenden Familie festgesetzt hat und die frustriert sind, wenn die Kinder über das Essen maulen und sich bei erster Gelegenheit mit dem Handy in ihr Zimmer zurückziehen. Besonders Feste und Urlaube sind mit Vorstellungen beladen, die von der Wirklichkeit niemals eingeholt werden können. Der dahinterliegende Wunsch nach einer gemeinsamen schönen Zeit ist nachvollziehbar. Wer aber unerfüllbare Maßstäbe an das Miteinander anlegt, wird nicht nur zwangsläufig enttäuscht, sondern überfordert damit auch die anderen.

Ähnliches passiert, wenn das spezifische Gepräge der jeweiligen Kommunität nicht ernst genommen wird. Eine Bürogemeinschaft kann keine Familie ersetzen und die Bedingungen in einem kleinen Familienbetrieb ermöglichen andere Formen des Miteinander als in einem multinationalen Konzern. Wer sich nicht über die Möglichkeiten und Grenzen der jeweiligen Sozietät in ihrer aktuellen Beschaffenheit im Klaren ist, verstellt sich mit seinen Vorstellungen den Blick auf deren tatsächliche Potentiale. Die Enttäuschung ist vorprogrammiert. Man zieht sich zurück, nicht ohne Groll gegenüber jenen, die die eigenen Wünsche nicht erfüllen.

Nicht nur an die anderen, auch an uns selbst stellen wir, mehr oder weniger bewusst, Ansprüche, die uns das Miteinander schwer machen. Jede und jeder von uns hat Bilder in sich, wie sie oder er sein und welche Rolle sie oder er in einer Gruppe einnehmen möchte: eine hilfsbereite Kollegin, ein engagiertes Gemeindemitglied, ein beliebter Vorgesetzter usw. Oft genug befürchten wir, dass unser Platz in der Gemeinschaft gefährdet ist, wenn wir den vermeintlichen Erwartungen der anderen nicht gerecht werden. Dabei übersehen wir, dass nicht sie, sondern wir selbst Maßstäbe an uns anlegen, die unserem Wesen nicht entsprechen. Wir jagen einem Ideal von uns nach, ohne zu wissen, wer wir wirklich sind, und vermitteln ganz nebenbei auch den anderen: Hier bist du nur willkommen, wenn du dieses Ideal erfüllst.

Besonders gefährlich sind Ansprüche, die wir an unsere Gefühle stellen. „Ich darf mich nicht ärgern", lautet etwa eine erstaunlich weit verbreitete Devise. Schon etliche Klient:innen haben mir versichert, dass sie sich nie ärgern. Es ist zu befürchten, dass ihre Aussage stimmt. So sehr verbieten sie sich ihren Zorn, dass sie ihn nicht einmal wahrnehmen. Das bedeutet aber keineswegs, dass er nicht in ihnen steckt. Gefühle lassen sich nichts vorschreiben. Sie entstehen in uns, ob erlaubt oder unerlaubt, erwünscht oder unerwünscht, und kommen auf verschiedenste Weise zum Vorschein. Versteckter Zorn kann sich zum Beispiel im Körper oder in einer anderen Person manifestieren. Haben Sie schon einmal bemerkt, dass Sie sich nach einem Gespräch „wie geladen" gefühlt haben? Es könnte sein, dass Ihr Gegenüber, ohne sich dessen bewusst zu sein, seine Aggressionen bei Ihnen

„deponiert" hat. Auch Trauer kann wie eine Wolke über ganzen Generationen hängen und spürbar sein, sobald man ein Haus betritt. Von Personen, die heftige, versteckte Emotionen in sich tragen, wenden wir uns oft intuitiv ab und meiden den Kontakt, weil das Zusammensein mit ihnen anstrengend ist.

Ja, Ansprüche an Gefühle wiegen schwer. Sie belasten uns selbst und das Zusammenleben.

Je höher unsere Ideale sind und je verbissener wir ihnen nacheifern, umso mehr bleiben wir hinter ihnen zurück. Wer Scheitern nicht als Selbstverständlichkeit in sein Lebenskonzept einbaut, wird sich permanent als mangelhaft erfahren. „Ich bin nicht gut genug", lautet dann das Urteil über uns, und wir nehmen an, dass es auch andere über uns fällen. Das Gefühl von Versagen und die daraus resultierende Scham gehören zu den stärksten Faktoren, die Menschen in die Isolierung führen. Um uns nicht den strengen Blicken der anderen auszusetzen, ziehen wir uns zurück oder verstecken, wie bereits beschrieben, zumindest jenen Teil von uns, für den wir uns schämen. Eine extreme Form dieser Isolation ist das speziell aus Japan bekannte *hikikomori*: Junge Männer ziehen sich komplett von der Außenwelt zurück. Sie gehen monatelang nicht außer Haus und lassen sich von ihrer Familie versorgen. Auslöser sind meist der Verlust des Arbeitsplatzes oder Misserfolge in der Bildungskarriere. So unerträglich empfinden sie die Scham über ihr subjektives Versagen, dass sie sich nicht blicken lassen. Je länger diese Phase andauert, umso schwerer fällt es den Betroffenen, den Weg zurück in die Gesellschaft zu finden, da sie ihren Rückzug wiederum als Scheitern erleben.

Selbst unserer Einsamkeit können wir uns also schämen, wenn wir sie als Beweis unserer Inkompetenz deuten: „Ich bin alleine, weil ich für die anderen nicht tauge." Ein Teufelskreis, der uns immer weiter wegtreibt von der Gemeinschaft, vom Wir. Scham und Schuldgefühle gehen darüber hinaus mit einer erhöhten Selbstzentriertheit einher. Die Gedanken kreisen um mich und mein Unvermögen, ich wähne die Augen aller anderen auf mich gerichtet. Aus Verlegenheit zieht man den Kopf ein, senkt den Blick. Der Kontakt zur Gruppe ist verloren.

Schuld scheidet

Von jenen Schuldgefühlen zu unterscheiden, die aus unerfüllbaren Ansprüchen stammen, ist die Erfahrung der realen Schuld. Während hinter Schuldgefühlen ein Vergehen gesehen wird, wo keines vorliegt, ist reale Schuld die Folge einer tatsächlichen Verfehlung.

In Bezug auf das Wir aber gilt für beide: Schuld scheidet. Denn schuldhaftes Verhalten fügt nicht nur einer Person oder einer Gruppe Schaden zu. Es verletzt oder zerstört auch die Beziehung zwischen Opfern und Tätern. Ich habe mich an jemandem, an einer Gruppe schuldig gemacht, sei es durch Betrug, Schlamperei oder Tatenlosigkeit. Wo zuvor ein liebevolles, lebendiges Miteinander bestand, herrschen nun Kränkung, Furcht, Ärger.

Wir setzen uns nur ungern mit unserer Schuld auseinander. Es ist beachtlich, wie viel Menschen um ihre Schuldgefühle kreisen, während sie reale Verfehlungen am liebsten unter den Tisch kehren würden.

Ins Gedächtnis eingebrannt hat sich mir die Begegnung mit einer älteren Frau, die in ständiger Angst vor der Strafe Gottes lebte, obwohl sie aufs Genaueste die vermeintlichen Pflichten einer frommen Katholikin zu erfüllen suchte. Aus ihren Andeutungen und Äußerungen entnahm ich, dass sie in jungen Jahren ihr Neugeborenes heimlich weggegeben hatte. Obwohl klar war, worum es ging, kam ihr beim Erzählen das Wort Kindesweglegung kein einziges Mal über die Lippen. Sie hatte noch nie mit jemandem darüber gesprochen. Über Jahrzehnte hatte sie die Last ihrer Schuld alleine mit sich herumgeschleppt und mit schlechtem Gewissen ihrer Familie gegenüber gelebt.

Die Hilflosigkeit, wenn es um das Ansprechen und Eingestehen von Fehlern geht, ist enorm. Wir unternehmen große Anstrengungen, um Vergehen zu verdrängen, zu vertuschen und zu verleugnen. Wir sind Meister darin, unsere Schuld zu beschönigen, zu rechtfertigen oder anderen in die Schuhe zu schieben. Alle diese Verhaltensweisen dienen dazu, unser desavouiertes Selbstbild aufrecht zu erhalten. Leider zersetzen sie aber zugleich das Vertrauen der anderen in uns und in unsere Aufrichtigkeit. Und sie verhindern die wesentlichen Schritte auf dem Weg zurück ins Wir: das Aussprechen und Wiedergutmachen der Schuld.

Sowohl im gesellschaftlichen Diskurs als auch im persönlichen Gespräch sind Schuldgeständnisse eine kostbare Rarität. Ich gestehe, dass ich mich jedes Mal von Herzen freue, wenn speziell Personen des öffentlichen Lebens aufrichtig zu ihren Fehltritten stehen. Sie ermutigen damit alle anderen, dasselbe zu tun.

Mit dem Eingestehen von Schuld ist es aber nicht getan. Wir brauchen ebenso konstruktive Strategien, um Schuld zu bewältigen und wiedergutzumachen. Dazu stehen uns durchaus hilfreiche Methoden zur Verfügung. Das Instrument der „Tätigen Reue" im Strafrecht etwa. Es ermöglicht dem Schuldigen, den angerichteten Schaden zu begleichen und so einer Verurteilung zuvorzukommen. Das Prinzip der Bewährung erlaubt es Straftätern, zu beweisen, dass sie ihr Leben wieder in gerechte Bahnen lenken können und nicht abgesondert von der Gesellschaft leben müssen.

Das Christentum bietet eine ausgezeichnete Form des Umgangs mit Fehlern an: die Beichte. Sie bildet ein hervorragendes Modell der Schuldbewältigung, auch aus therapeutischer Sicht. In der katholischen Kirche beginnt die Beichte mit dem Kreuzzeichen, in dem sich Priester und Beichtender als Glaubensgeschwister unter den Namen Gottes stellen. Diese Erinnerung an das gemeinsame Menschsein vor Gott bildet das Vorzeichen, unter dem nun das Bekennen der Schuld erfolgt. Fehltritte werden *aus*gesprochen und im besten Fall *be*sprochen, sodass es zu einem besseren Verstehen des Vorgefallenen und seiner Auswirkungen kommt. Daran anschließend schlägt der Priester sogenannte „Bußwerke" vor und zeigt damit Wege der Wiedergutmachung auf. Am Ende erfolgt mit der „Absolution" (Lossprechung) die Zusage: „Du gehörst wieder zu uns, zur großen Gemeinschaft der Glaubenden." Leider haben die vielen Fehlformen, unzureichende Kompetenz von Priestern und das Festhalten an veralteten Rahmenbedingungen dazu geführt, dass die Beichte kaum mehr in Anspruch genommen wird. Neue Formen und ergänzende Alternativen wären dringend gefragt.

Ich habe eine Reihe von Komponenten angeführt, die das Erleben von Verbundenheit und Zusammengehörigkeit erschweren. Sie sind eng miteinander verknüpft und gehen ineinander über. Schuld und Schuldgefühle lösen Scham aus, die verunsichert. Verunsicherung macht Angst, die wir zu kompensieren versuchen, indem wir Größe vortäuschen und so fort.

Eine besonders heikle Konstellation entsteht, wenn verschiedene Faktoren in Widerspruch zueinander stehen. Ich strebe nach Macht und hänge gleichzeitig dem Ideal der Bescheidenheit nach. Große Gruppen machen mir Angst, aber ich stelle mir den Anspruch, gesellig zu sein. Solche inneren Konflikte können zu pathologischem Erleben und Verhalten führen, wie sie in Krankheitsbildern, etwa Depression oder Zwangsstörungen, gefasst sind. Um sie zu lösen, braucht es einen Prozess der Bewusstwerdung und Neuausrichtung, der am besten mit Unterstützung von außen, also wiederum gemeinsam mit anderen, gelingt.

Wir-Hindernisse treten nicht nur im persönlichen, individuellen Bereich auf. Sie beeinträchtigen auch das Miteinander von Gesellschaften, auf regionaler wie auf globaler Ebene. In manchen Völkern ist ein kollektives Gefühl von Minderwertigkeit und Angst wahrzunehmen. Eine Bekannte aus Deutschland befand hinsichtlich des Holocausts: „Wir Deutschen müssen uns immer schuldig fühlen." Auch der Hass des Antisemitismus oder die Angst der Islamophobie gehören zu solchen kollektiven Gefühlen. Entziehen können wir uns ihnen nur begrenzt. Entscheidend ist, dass wir hellhörig für diese sozialen Missstimmungen sind. Ansonsten besteht die Gefahr, dass sie in politische Entscheidungen und gesellschaftliche Entwicklungen einfließen, die fatale Folgen für Millionen von Menschen haben können. Viele Kriege, davon bin ich überzeugt, blieben unserer Welt erspart, wenn kollektiver Hass und nationale Ressentiments rechtzeitig aufgedeckt und bewältigt würden.

Die gute Nachricht am Schluss: Die grundsätzliche Fähigkeit zum Miteinander bleibt trotz aller Schwierigkeiten und Hindernisse immer bestehen. Wer vom Ich zum Wir gelangen möchte, kann jederzeit und an jeder Stelle damit beginnen. Sie erinnern sich: Sobald eine einzige Verbindung zum sozialen Netz geknüpft ist, sind wir mit dem Gesamten verbunden.

Wie das konkret geschehen kann und was uns unterstützt, den Weg ins Wir zu finden, darüber möchte ich mit Ihnen auf den kommenden Seiten nachdenken.

V.
WEGE INS WIR

ALLES BEGINNT MIT DER WAHRNEHMUNG

Am Beginn auf dem Weg zum Wir steht etwas sehr Einfaches: das Wahrnehmen. Wahrnehmen kann ich immer und überall, es ist kostenlos, fällt nach außen kaum auf und bedarf keines Hilfsmittels. Zugleich ist es für viele Menschen fremd und ungewohnt. So sehr sind wir unserem konzeptionellen Denken verhaftet, dass es uns schwerfällt, sowohl uns selbst als auch Dinge und Personen einfach wahrzunehmen. Allzu schnell pressen wir sie in unsere Schemata und Wertungen. Wahrnehmung ist etwas Umfassendes. Ich kann meine Gedanken und Gefühle ebenso wahrnehmen wie einen Baum oder einen Ball, meine Zehen genauso wie den Zeitungsausträger.

Für ein gelingendes Wir-Erleben halte ich vor allem zwei Blickrichtungen für entscheidend: Die Wahrnehmung meiner selbst und die Wahrnehmung der Gemeinschaft. Ich erfahre mich als selbständiges Individuum und gleichzeitig als Teil eines größeren Ganzen.

Achtsames Wahrnehmen ist durchaus angesagt. In unserem Kloster verbringen Menschen ganze Wochen damit, auf den Atem zu achten, ihre Körperempfindungen zu registrieren usw. Dieser Trend kann für die Entwicklung eines Wir-Erlebens zweifellos fruchtbar sein. Voraussetzung dafür ist aber, dass sich der Blick nicht nur nach innen, sondern auch nach außen richtet. Ein simples Beispiel: Eine Gruppe sitzt zur gemeinsamen Meditation im Kreis. Der Lehrer leitet die Teilnehmer:innen an, die Augen zu schließen, die Hände zu spüren und auftauchende Gedanken und Gefühle zu bemerken, ohne an ihnen festzuhalten. Ich bin ganz nach innen gerichtet, auf das Selbst. Wer in der Meditation Erfahrung hat, weiß, wie herausfordernd diese Übung sein kann. Und doch wäre es zu wenig, sich darauf zu beschränken. Ich meditiere ja nicht alleine. So drängt sich ein zweiter Schritt auf: Die Aufmerksamkeit geht nach außen, zum Boden, auf dem ich sitze, zum Raum, in dem ich mich befinde, vor allem aber zur Gruppe, von der ich ein Teil bin. Ich höre den Atem der anderen, spüre ihre Anwesenheit, nehme ihre Lebendigkeit wahr.

So oszilliere ich in meiner Aufmerksamkeit ständig zwischen mir und den anderen, zwischen innen und außen, zwischen Ich und Wir.

Dieses Hin und Her der Aufmerksamkeit mag zunächst ungewohnt und anstrengend sein. Der zweifache Blick, nach innen und nach außen, bewahrt uns aber vor Einseitigkeiten. Das Wir soll nicht im Ich untergehen. Das würde in einen Kollektivismus münden, in dem ausschließlich das Ganze zählt. Das Volk etwa oder die Partei. Geradezu langweilig wäre es aber, nur um das Ich zu kreisen, von dem alles abhängt, weil selbst die anderen durch meinen subjektiven Blick konstituiert werden.

Im Grunde wissen wir um den Mehrwert des Miteinander gegenüber der Vereinzelung. Dennoch bleibt der Fokus schnell auf dem Eigenen hängen. Es empfiehlt sich daher, immer wieder das Bereichernde des Gemeinsamen dezidiert in den Blick zu nehmen.

Ich sitze mit meinen Mitschwestern zur Meditation in der Kapelle. Obwohl wir schweigen, merke ich, wie gut es ist, nicht alleine hier zu sein. Wir singen gemeinsam ein Lied. Meine

Nachbarin ist keine stimmliche Koryphäe, dennoch klingt unser Chorgesang nach mehr, als wenn ich alleine singen würde. Mit jeder guten Wir-Erfahrung vertieft sich die Erkenntnis, dass mein Beitrag zum Miteinander auch mir zugutekommt. Je schöner mein stimmlicher Beitrag im Chor, umso voller klingt unser Gesang, auch für meine Ohren. Ja, es geht uns allen besser, wenn es allen besser geht.[48]

Die Wahrnehmung des Wir kann in den alltäglichen Situationen des sozialen Lebens erfolgen, sei es am Arbeitsplatz oder im Gasthaus. Was für einen Unterschied macht es doch, ob ich alleine zu Mittag esse oder mit anderen, ob ich die einzige im Büro bin oder meine Kolleg:innen neben mir sitzen! Gerade im Kontrast wird uns die spezielle Qualität des Gemeinsamen deutlich.

Ich persönlich spüre das, wie oben angedeutet, besonders im Gebet. Dabei erfahre ich es nicht nur als „irgend*wie* anders", sondern essentiell als *etwas* anderes, alleine oder in Gemeinschaft zu beten. Als Pendlerin bin ich beim Beten häufig auf mich gestellt. Dann versuche ich, mich ganz in die Verbindung „nach oben" hineinzubegeben. Wenn ich aber mit den Mitschwestern in der Kapelle meditiere, pendelt meine Aufmerksamkeit zwischen mir selbst, uns als Gemeinschaft und unserem Umfasstsein vom göttlichen Du. Voraussetzung dafür ist die Entscheidung, *mich* ins Gebet ebenso hineinzunehmen wie *uns*.

Das Gemeinsame kann ich auch finden, wenn ich die Menschen um mich nicht kenne. Ich sitze beim Arzt im Wartezimmer. Mein Blick wandert durch den Raum. Ich nehme die Personen wahr, die mit mir warten. Jeder von uns hat ein Anliegen an den Arzt. Vor allem aber verbinden uns die Lebensbegleiter Gesundheit und Krankheit, Gebrechlichkeit und der Wunsch nach Heilung.

Der Gehirnforscher Gerald Hüther meint, dass es besonders unsere Bedürftigkeiten sind, die uns als Menschheit zusammenhalten.[49] Sicher gibt es auch viele positive verbindende Dinge. Das Wissen um die gemeinsamen Unzulänglichkeiten kann aber vor einer Überheblichkeit bewahren, die uns von den anderen wegführt.

Über das Wir hinaus, das durch gleichzeitige physische Präsenz zustande kommt, gibt es eine geistige Verbundenheit, die Distanz und Abwesenheit überwindet. Sie erfordert ein Mehr an Bewusstheit, ist uns allen aber unmittelbar zugänglich. Es ist die Verbindung zwischen Liebenden, die sich vermissen, zu Verstorbenen, deren Erinnerung in unserem Herzen wohnt. „I just close my eyes and I'm with you", singt Leo Sayer in seinem legendären LKW-Fahrer-Song. „In herzlicher Verbundenheit" lautet ein Abschiedsgruß, den wir dann und wann in einem Mail lesen, meist von Personen, die weit weg von uns sind. Um diese Formen von Zusammengehörigkeit zu verinnerlichen, brauchen wir jene Achtsamkeit, von der bereits die Rede war. Momente des Innehaltens und der Stille, ein Blick zum Himmel oder das Gebet können dafür den Rahmen bilden.

DAS GLOBALE WIR HEREINHOLEN

Je größer, komplexer und anonymer die Strukturen sind, in denen wir uns bewegen, umso notwendiger ist es, gezielt darauf zu achten, dass die vielfältigen Verbindungen nicht aus dem Bewusstsein geraten. Ich halte es für eine wesentliche Aufgabe einer guten Sozialpolitik, dafür zu sorgen, dass das Soziale in unserem Land nicht nur erhalten, sondern auch sichtbar gemacht wird. Speziell die kommunalen Einrichtungen tun gut daran, möglichst transparent darzustellen, wie sehr wir durch die staatlich organisierte Infrastruktur miteinander in Beziehung stehen: vom Arbeitslosengeld über das Bildungssystem bis zum Zivildienst. All das wäre nicht möglich, wenn nicht alle ihre entsprechenden Beiträge dazu leisten würden, von denen wiederum alle profitieren.

Wer um die Kosten und Mühen weiß, die es braucht, eine Autobahn nicht nur zu bauen, sondern auch instand zu halten, wird zwar vielleicht über die Baustelle schimpfen, die ihn auf dem Weg zum Urlaub im Stau stehen lässt, zugleich aber mit Respekt an die hämmernden und walzenden Arbeiter denken und ebenso darüber froh sein, dass wir Bürger:innen uns diese Investition dank eines großteils funktionierenden Steuersystems leisten können, in dem alle Gebende und Nehmende sind.

Besonders herausfordernd ist es, die globale Vernetztheit zu verinnerlichen und der weltweiten Zusammenhänge zwischen Völkern und Menschen gewärtig zu sein. Gerade weil diese Verflechtungen so unauffällig und undurchsichtig sind, ist es sinnvoll, ihnen gezielt Aufmerksamkeit zu schenken. Dazu braucht es Information und Wissen. Wer einen Blick auf das Label des neu gekauften Kleidungsstückes wirft und die Aufschrift „Made in Vietnam" liest, wird dadurch hoffentlich angeregt, an jene Menschen zu denken, mit denen er durch das Tragen des Stückes verbunden ist.

Ich erinnere mich an die verblüfften Blicke meiner Schüler:innen, als ich ihnen ein Video mit dem Titel „Die lange Reise einer Jeans" zeigte. 50.000 km Transportwege werden zurückgelegt, um aus Baumwolle, Farbe, Knöpfen und vielem mehr eine Hose herzustellen. Mich beeindruckte aber vor allem die Vorstellung, wie viele Hände daran beteiligt sind, dass ein einziges Teil den Weg zu uns findet, und wie viele menschliche Schicksale damit in Verbindung stehen. Von Antony de Mello habe ich eine Form der Meditation gelernt, die uns dafür sensibel macht: Ich stelle mir die Geschichte und den Weg eines persönlichen Lieblingsgegenstands vor. Dabei denke ich an alle, die daran mitgewirkt haben und denen ich verdanke, dass er in meine Hände gelangte. Diese Meditation hinterlässt in mir stets ein Gefühl des Staunens, der Dankbarkeit, aber auch der Verantwortung.

Ein einfacher und zugleich eindrücklicher Weg zum globalen Wir sind auch internationale Begegnungen. Sie ermöglichen uns den berühmten Blick über den Tellerrand. Nie werde ich das Gespräch mit jenem Familienvater vergessen, der in Südamerika auf der Kaffeeplantage eines multinationalen Konzerns schuftete, um das Notwendigste für seine Kinder zu verdienen. Die Mutter war an einem lächerlichen Infekt gestorben, weil das Einkommen nicht für ein Antibiotikum gereicht hatte. Seither bringe ich es nicht mehr übers Herz, Kaffee zu Dumpingpreisen im Supermarkt zu erstehen. Die Begegnung mit dieser Familie hat mein Handeln mehr verändert, als eine noch so ausführliche Dokumentation über die Schattenseiten der internationalen Agrarmärkte es hätte bewirken können. Sie hat aber auch dazu beigetragen, dass ich die Welt mehr und mehr als ein großes Zuhause empfinde, in dem wir ausnahmslos alle als Geschwister zusammenleben.

Der buddhistische Autor Thích Nhất Hạnh nennt das achtsame Sein in vielfältigen Verbundenheiten „Intersein".[50] Zu Recht weist er darauf hin, dass es nicht um einen idealisierenden Weltzugang geht, der bestehende Differenzen und Abgründe ausblendet. Im Gegenteil: Wenn ich mich mit Menschen verbunden weiß, bleibe ich auch von ihrem Leiden nicht unberührt. Wer sich der globalen gegenseitigen Abhängigkeiten bewusst ist, weiß, dass jeder Krieg immer auch ein Weltkrieg ist, selbst wenn es nicht unmittelbar um die Lieferung von Waffen und Rohstoffen geht. Wir sind eben, um noch einmal Oswald von Nell-Breuning zu zitieren, nicht nur auf Gedeih, sondern auch auf Verderb aufeinander angewiesen.

WIE GEHT NATURVERBUNDENHEIT?

Zahlreichen Umweltorganisationen und -initiativen ist es zu verdanken, dass in unserem Land ein breites Bewusstsein dafür herrscht, dass wir als Menschheitsfamilie mit der gesamten Umwelt vernetzt sind. Studien zeigen auf, wie sich Klimaveränderungen auf die Vegetation und folglich auf die Ernährungslage auswirken. Wissenschaftler erklären uns, was ein steigender Meeresspiegel für Küstenländer bedeutet. Politiker laden zu Konferenzen, vereinbaren Limits und Ziele. Bedauerlicherweise geht es bei vielen dieser Maßnahmen lediglich darum, den Erhalt der menschlichen Spezies zu sichern. Wenn Flüsse und Seen sauber gehalten werden sollen, dann nicht, weil sie ein kostbares Biotop darstellen, sondern um den Bedarf an Trinkwasser zu sichern. Ziel ist nicht Bewahrung und Schutz der Schöpfung an sich, sondern das eigene Wohl.

Für eine nachhaltige Veränderung unseres Lebensstils bedarf es der Erkenntnis, dass unserer Umwelt oder vielmehr Mitwelt ein Wert zukommt, der völlig unabhängig von ihrem Nutzen für uns Menschen besteht. Leicht eingänglich ist das allen, die am Land oder mit Garten leben. Aus der leibhaftigen Erfahrung, dass ohne Wasser die Pflanzen verkümmern und das Gras erbärmlich dürr und braun wird, entsteht ein Gespür für die Kostbarkeit des wertvollen Nass. Wer aufmerksam durch einen Gebirgswald geht, kann betrachten, wie Felsen, Wurzeln und Gräser einander umgreifen und sich gegenseitig halten. Auch Haustiere schaffen ein Empfinden dafür, dass Tiere und Pflanzen mehr sind als Gegenstände und Produkte.

UMGANG MIT VERSCHIEDENHEITEN

Eine unverzichtbare Voraussetzung für die Entwicklung eines Wir-Gefühls ist der konstruktive Umgang mit Verschiedenheiten. Vieles verbindet uns als Menschen, aber in vielem sind wir auch unterschiedlich. Abhängig von Lebensphase, Herkunft und Charakter hat jede von uns individuelle Bedürfnisse, Fähigkeiten und Ansichten, die uns zu einer unverwechselbaren Person machen.

Um diese Unterschiedlichkeiten unter einen Hut oder besser unter ein Wir zu bringen, bedarf es einer Grundhaltung: der Anerkennung von Gleich*wert*igkeit. Egal ob alt oder jung, krank oder gesund, vorsichtig oder abenteuerlustig, jedem Menschen kommt die gleiche Würde, also der gleiche Wert zu, so sagt es uns die „Allgemeine Erklärung der Menschenrechte" von 1948. Konkret bedeutet das, dass ich jeden Menschen ernst nehme, egal ob er in der Hierarchie oben oder unten steht, ob er schlau oder begriffsstutzig ist, ob er der Hilfe bedarf oder selbst helfen kann.

„Sooft etwas Wichtiges im Kloster zu behandeln ist, soll der Abt die ganze Gemeinschaft zusammenrufen [...], weil der Herr oft einem Jüngeren offenbart, was das Bessere ist", schrieb der Ordensgründer Benedikt von Nursia vor ca. 1500 Jahren in der „Regula Benedicti"[51]. Dieser Text bildet bis heute die Grundlage für das gemeinschaftliche Leben in den Benediktinerklöstern. Benedikt geht davon aus, dass jeder Mönch etwas zu sagen hat und etwas sieht, was aus der Perspektive der anderen nicht erkennbar ist.

Gleichwertigkeit meint allerdings nicht Gleichbehandlung. Im Gegenteil: Gerade weil der Einzelne in seinen individuellen Fähigkeiten und Bedürfnissen ernst genommen wird, soll er behandelt werden, wie es ihm entspricht. „Jedem das Seine", lautet ein Leitsatz, der sich sowohl in der Regel Benedikts als auch in der zweiten großen Ordensregel, die auf den Philosophen und Theologen Augustinus von Hippo (254–430 n. Chr.) zurückgeht, findet. Damit kommen beide Kirchenväter dem menschlichen Wunsch entgegen, dass wir in unserer Einzigartigkeit und Individualität wahrgenommen werden. Wir wollen „anders" im Sinn von einmalig sein. Zugleich und konträr dazu sehnen wir uns aber auch nach Übereinstimmung, Einklang und Einigkeit. Diese Ambivalenz ist in allen Bestrebungen nach Gemeinschaft und Zusammengehörigkeit präsent. Um in ein gedeihliches Miteinander zu finden, ist daher zentrale Bedingung, dass wir beides, Differenzen und Einendes, wahrnehmen und anerkennen. Dies ist kein einmaliger Akt, sondern ein fortlaufender Prozess.

Sowohl in Ordensgemeinschaften als auch in Familien ist häufig die Ansicht anzutreffen, dass „gemeinsam" bedeutet, sich in möglichst vielen Bereichen einig zu sein und möglichst viel gemeinsam zu machen. Ich halte das nicht nur für einen großen Irrtum, sondern auch für kontraproduktiv. Es entlastet, sich von der Vorstellung zu verabschieden, dass Gemeinschaftsleben nur dann gelungen ist, wenn man in vielen Punkten übereinstimmt und viel Zeit miteinander verbringt. Entbehrlich sind auch die vielen, manchmal offensichtlichen, manchmal unterschwelligen Versuche, die anderen von der eigenen Meinung zu überzeugen. Wozu eigentlich? Steht dahinter die Vorstellung, dass wir nur dann zusammengehören, wenn unter uns ideologische Einigkeit besteht? Von dieser Idee können wir uns getrost verabschieden. Es bedeutet kein Versagen, wenn wir als Gruppe nicht identische Meinungen vertreten. Ich bin nicht gescheitert, wenn ich die anderen nicht von meinem Standpunkt überzeugen kann. Zusammengehörigkeit ist dennoch möglich. Ausschlaggebend ist die Frage, wie wir in unserer Uneinigkeit handlungsfähig bleiben und zu einer gemeinsamen Vorgehensweise kommen. Dieser Frage können wir uns aber erst zuwenden, wenn wir uns Differenzen zugestehen und nicht trotz, sondern mit ihnen weitermachen.

Das explizite Thematisieren von Unterschieden kann sogar verbindende Wirkung haben. Es ist anstrengend, birgt aber die große Chance, „das Beste aller Welten" zusammenzutragen und daraus kreative Entscheidungen zu treffen. Dabei gehen wir davon aus, dass jede von uns Anteil an der Wahrheit und daher etwas Wichtiges beizutragen hat. Nur gemeinsam können wir herausfinden, was das „Gute und Wahre" ist und wie wir es miteinander umsetzen können. „Eine perfekte Einmütigkeit wäre das Zeichen tödlicher Unbeweglichkeit", macht der englische Dominikaner Timothy Radcliffe in einem seiner Vorträge aufmerksam und fügt ein biblisches Bild hinzu: „Das Ringen des Dialogs ist wie der Kampf Jakobs mit dem Engel: Man geht daraus verwundet und gesegnet hervor."[52]

Ein praktisches Beispiel: Wenn meine Familie, von Großeltern bis Enkelkinder, auf Schiurlaub fährt, wird bereits wochenlang vorher schriftlich über den Speiseplan verhandelt: Wer möchte was essen, wer kocht wann usw. Da die Geschmäcker unterschiedlich sind und die Vorlieben von Schweinsbraten bis Sojamilch reichen, entspinnt sich stets ein ausführlicher Diskurs, der, gespickt mit diversen Emojis, äußerst vergnüglich zu lesen ist und zu originellen Lösungen geführt hat.

VOM WIR SPRECHEN

Sprache schafft Bewusstsein, auch wenn es um die Entwicklung des Wir-Gefühls geht. Eine große Rolle kommt dabei den kleinen Wörtchen zu, die in der Grammatik als Personalpronomen bezeichnet werden: ich, sie, unser, euer usw.

Zunächst müssen wir feststellen, dass uns das Wir nicht so nahe liegt wie ein Ich oder Du. Wer auf seinem Smartphone die Funktion des automatischen Wörterbuches aktiviert hat, wird bemerken, dass unter den häufigsten Vorschlägen, die uns das Handy liefert, die Vokabeln *ich*, *du*, *habe*, *bin* und *bist* sind. Ein *Wir* oder *Ihr* wird hingegen nur selten angeboten. Das Handy folgt unserem typischen Sprachgebrauch. Ich kann mich nicht erinnern, gefragt worden zu sein, wie es *uns* in der Arbeit geht, obwohl ich stets in Teams gearbeitet habe. Auch habe ich die Erfahrung gemacht, dass es Irritation auslöst, wenn ich mich erkundige: „Und, wie geht es *euch*?" Versuchen Sie es doch einmal, am besten bei Menschen, die wissen, dass Ihre Frage keine leere Floskel ist!

Ein weiteres lohnenswertes Experiment bilden die sogenannten Wir-Fragen. Besonders in Gruppen und Gemeinschaften, die regelmäßig zusammentreffen, sind diese Fragen für das Überdenken des eigenen Tuns hilfreich. „Was möchten wir heute zu Mittag essen?", könnte die Mutter ihre Kinder fragen, oder: „Wie geht es uns?", die Vorgesetzte ihre Kolleg:innen bei der Teambesprechung. Diese Formulierungen legen nahe, die Perspektive aller in den Blick zu nehmen und alle mit ihren Anliegen und Bedürfnissen zu Wort kommen zu lassen. Zugleich regen sie an, sich darüber auszutauschen und gemeinsam zu einem Ergebnis zu kommen. Das Miteinander miteinander zu reflektieren und darüber einander mitzuteilen, kann die Zusammengehörigkeit erheblich verstärken.

AUF AUGENHÖHE KOMMEN

Eine besondere Herausforderung stellt die Gemeinschaft und Kommunikation mit Querulanten und Outsidern dar. Dazu gehören jene Menschen, die in unserer Lebenswelt ganz unten und, sofern wir sie nicht in unserem Familien- und Freundeskreis haben, weit weg von uns sind: Obdachlose, Straftäter, Menschen mit geistigen bzw. psychischen Beeinträchtigungen.

Ist es überhaupt möglich, mit ihnen in Verbindung zu sein? Wenn wir davon ausgehen, dass wir alle als Mitglieder der einen Menschheitsfamilie Schwestern und Brüder sind, können wir diese Frage grundsätzlich mit einem Ja beantworten. Als Christin kann ich solche Personen auf einer geistig-geistlichen Ebene mitnehmen, etwa im Gebet oder in der Meditation. Das gilt auch und vielleicht in besonderer Weise für jene, deren Worte und Taten ich als abscheulich und grausam empfinde und die für ihr Handeln verurteilt werden. „Du nimmst hinweg die Schuld der Welt", spreche ich jeden Sonntag im katholischen Gottesdienst und vergegenwärtige mir dadurch Gottes unermessliches Wohlwollen. Dabei kann ich mich in Gedanken speziell mit den Personen verbinden, deren Verhalten mich abstößt und befremdet, auch in dem Wissen, dass ich ebenso wie sie Fehler mache und der Versöhnung bedarf.

Dann sind da jene Menschen, die unsere Versuche, auf sie zuzugehen, ablehnen und sich zurückziehen. Wir werden es nicht bei einem Versuch bewenden lassen, aber wir werden, möchten und können sie zu nichts zwingen, selbst wenn wir davon überzeugt sind, dass es für uns alle besser wäre. „Wenn man euch aber in einem Ort nicht aufnimmt und euch nicht hören will, dann geht weiter und schüttelt den Staub von euren Füßen"[53], rät Jesus im Neuen Testament seinen Jüngern. Das heißt nicht, dass wir uns auch innerlich von ihnen abwenden. Vielmehr geht es um die Empfehlung, nicht an etwas oder vielmehr jemandem festzuhalten, der nicht erreichbar ist, weil es dazu ein Entgegenkommen von allen Seiten bräuchte. Aber wir müssen uns mit einem Wir auf einer anderen Ebene begnügen. „Die zweitbeste Variante suchen und wählen", erinnerte mich meine Supervisorin stets, wenn es um den Umgang mit unzufriedenstellenden, aber unveränderbaren Konstellationen ging.

Schließlich sind da noch die Personen, die häufig ausgeschlossen bleiben, weil sie im wahrsten Sinn des Wortes nicht mitkommen mit dem Tempo und den Anforderungen des Lebens: die Sozialhilfeempfänger, Pflegebedürftigen, Menschen mit Behinderung usw. Zahlreiche Studien zeigen auf, dass gerade sie gefährdet sind, in soziale Isolation zu geraten.

In dem psychiatrischen Heim, in dem ich seelsorglich tätig bin, gibt es ein enormes Ausmaß an Einsamkeit. Dennoch darf ich erleben, dass es sehr wohl möglich ist, nicht nur *für* solche Personen, sondern *mit* ihnen da zu sein. Voraussetzung dafür ist das Finden eines gemeinsamen Nenners, einer Gemeinsamkeit.

Jede Woche setzen wir uns im Heim zum gemeinsamen Musizieren zusammen. Nachdem wir die Lieder für den Gottesdienst geprobt haben, kann jede und jeder seine Lieblingsmusik vorschlagen. Ich begleite mit der Gitarre oder spiele das Lied über Bluetooth-Lautsprecher ein. Manchmal haben wir Textblätter vor uns und singen mit, manchmal hören wir einfach zu. Immer wieder erzählt jemand von persönlichen Erinnerungen, die mit einem Lied verbunden sind. So entsteht eine lebhafte Kommunikation, in der wir unsere Begeisterung für Musik miteinander teilen. Ich habe zwar die Funktion der Moderatorin, lerne aber ebenso wie alle anderen neue Songs und vor allem die anderen Teilnehmer:innen kennen. Möglich wird diese Erfahrung von Gemeinschaft, weil wir bei allen Limitationen und Unterschiedlichkeiten etwas gefunden haben, was uns verbindet und begeistert: Musik und Gesang, und weil wir nicht den Anspruch erheben, perfekt zu sein. Jede und jeder darf so richtig und so falsch singen, wie sie bzw. er möchte.

Leider sind die Strukturen in unseren Sozialeinrichtungen einem derartigen Miteinander nicht besonders zuträglich. Warum essen Betreuer:innen und Bewohner:innen zu Mittag nicht an einem Tisch? Warum werden Flüchtlinge in ein Heim gepfercht, anstatt dass sie mit denen wohnen und arbeiten, die Hilfe dringend brauchen? Warum dürfen die Senior:innen im Altenheim nicht ihre Wäsche gemeinsam mit den Pfleger:innen falten? Benedikt von Nursia schreibt in seiner Regel: „Die Brüder sollen einander dienen. [...] Den Schwachen aber gebe man Hilfe, damit sie ihren Dienst verrichten, ohne traurig zu werden."[54]

Ein guter Ausgleich zwischen Geben und Nehmen sowie eine gute Balance zwischen einem Füreinander und Miteinander sind die besten Bedingungen dafür, dass Gemeinschaft gelingt. Niemand von uns will weder stets in der gebenden noch immer in der empfangenden Rolle sein. Während übermäßiges Geben dazu führt, dass wir uns ausgenützt und missbraucht fühlen, entsteht bei Menschen, die unverhältnismäßig viel erhalten, ein schlechtes Gewissen und das Bedürfnis, etwas zurückgeben zu müssen. Das gilt für materielle Güter ebenso wie für Dienstleistungen. Damit dieser Ausgleich möglich wird, muss sich in uns das Bewusstsein verankern, dass wir Menschen uns mehr zu geben haben als das, was monetär oder über Leistung zu bewerten ist.

Ich besuche eine schwerkranke Frau im Krankenhaus. Niemals wird sie mich besuchen können, aber das Lächeln, das ihr gezeichnetes Gesicht erhellt, entschädigt mich reichlich. Ich erhalte etwas anderes als das, was ich gebe. Ebenso sind die Personen, denen wir unsere Hilfe schenken, nicht jene, die uns helfen. Der Ausgleich erfolgt nicht direkt, dialogisch, nach dem Prinzip „Wie du mir, so ich dir", sondern im vielseitigen Austausch, oft über Generationen hinweg. Mit dem Taschenrechner in der Hand funktioniert er freilich nicht.

MIT DEM ICH ZUM WIR

Wie im Kapitel über die Wir-Verhinderer bereits deutlich geworden ist, stehen wir uns auf dem Weg zum Wir oft selbst im Weg. Ein differenziertes Wahrnehmen meiner selbst ist daher Basis dafür, dass ich in eine Gruppe hineinfinde und diese mitgestalten kann.

Wer seine besonderen Fähigkeiten ebenso wie seine Schattenseiten kennt, kann sich am besten mit dem einbringen, was er zu geben hat, und wird gleichzeitig darauf achten, dass sich die eigenen destruktiven Anteile nicht zerstörerisch auswirken. Ebenso kann ich mich anderen nur mitteilen, wenn ich weiß, was in mir vorgeht.

Dieses Bewusstsein um sich selbst entsteht im Kontakt mit anderen. Begegnung ermöglicht die Wahrnehmung nicht nur des Du, sondern auch des Ich. In der Konzentrativen Bewegungstherapie, die ich praktiziere, erlebe ich das immer wieder auf der Ebene des Körpers. Patient:innen sind nicht imstande, etwa ihren Rücken zu spüren. Erst wenn sie sich an die Wand anlehnen oder ich ihren Rücken sanft abklopfe, können sie diesen Körperteil wahrnehmen.

Auch für unsere Emotionen und Wünsche entwickeln wir am ehesten ein Sensorium, wenn andere sich dafür interessieren und wir sie zum Ausdruck bringen können. Der aufmerksame, freundliche Blick des Gegenübers hilft mir, mein Innenleben zu betrachten und einzuordnen. So wie ein Kind die verständnisvolle, beruhigende Zuwendung der Mutter braucht, damit es trotz seiner Angst den Weg zum Zahnarzt schafft, brauchen auch wir jemanden, bei dem wir mit unseren Gefühlen eine wohlwollende Resonanz finden. Nicht dienlich sind hingegen Beurteilungen, Entwertungen oder vorschnelle Lösungsversuche. Der Psychologe und Begründer der Logotherapie, Viktor Frankl, schreibt in einem seiner Aufsätze, dass sich der Mensch „ungemein dafür interessiert, dass sich andere für ihn interessieren"[55]. Ich möchte hinzufügen: Nur der Mensch, für den sich jemand interessiert, interessiert sich auch für sich selbst.

Das interessierte Wahrnehmen meiner Selbst ist grundlegend dafür, dass entstehen kann, was wir in der Therapie als „Regulierungsfähigkeit" bezeichnen. Gemeint ist die Kompetenz, mit Emotionen so umzugehen, dass sie weder negiert werden müssen noch sich beziehungsschädigend auswirken. Regulierungsfähigkeit ist für einen kontinuierlichen gelungenen Kontakt mit anderen unerlässlich. Dazu gehört auch die Gestaltung von Nähe und Distanz sowie das Vermögen, unterschiedliche Sichtweisen zu verhandeln, Kompromisse zu schließen und Enttäuschungen auszuhalten. Ich trete für mich ein, kann mich aber auch zurücknehmen. Ich sage, was mir wichtig ist, höre aber auch den anderen zu.

Alle diese Kompetenzen sind notwendig, damit das Leben im Wir lebendig und lustvoll bleibt. Sie sind zugleich eine Herausforderung, die jeden und jede von uns ein Leben lang begleitet.

EMPATHIE LEBEN

Eine essenzielle Fähigkeit für ein erfüllendes Miteinander finden wir in dem, was in der Fachliteratur als Empathie, Einfühlung oder Mitgefühl bezeichnet wird. Auch wenn die Begriffe mit unterschiedlichen Konnotationen und Nuancen verwendet werden, besteht doch Konsens darüber, dass Empathie bzw. Mitgefühl einen Grundpfeiler für unser soziales Dasein darstellt.

Ich bevorzuge den Begriff Empathie, weil ich den Eindruck vermeiden möchte, dass es um einen primär emotionalen Zustand geht. Mitgefühl als bloßes Einstimmen in die Gefühlslage des anderen mag zwar für den Augenblick verbindend wirken, ist aber, so wie alle Emotionen, nicht nachhaltig und für das Zusammenleben wenig fruchtbar. Das Entsetzen, das ich beim Hören der aktuellen Katastrophenmeldungen empfinde, nützt niemandem und kann unvermittelt in Jubel umschlagen, sobald im anschließenden Beitrag vom Sieg meiner Fußballmannschaft berichtet wird.

Wenn ich von Empathie spreche, meine ich vielmehr ein umfassendes Interesse am anderen, verbunden mit dem Versuch, ihn zu verstehen und ihm im Fall des Falles beizustehen. Empathie besteht daher mehr in Fragen als in Wissen. Ich gehe nicht davon aus, dass ich ohnehin weiß, wie es dem anderen geht und was er möchte. Wenn jemand weinend vor mir sitzt, habe ich vielleicht eine Vermutung, was der Auslöser dafür sein könnte. Dennoch werde ich mich, nachdem ich die Person getröstet habe, erkundigen, was genau hinter ihren Tränen steckt. Das empathische Nachfragen schafft Beziehung. So entsteht durch den Austausch über persönliche Eindrücke und Gefühle eine Verbindung, die jenseits von Meinungen und Weltanschauungen liegt.

Empathie ist jedem Menschen als Fähigkeit mitgegeben. Sie ist in uns angelegt wie ein Organ oder ein Zahn im Mund. Wie und ob sich dieses Vermögen entwickelt, wird im Kindesalter davon bestimmt, wie die Eltern und Bezugspersonen Empathie leben und dem Kind entgegenbringen. Mit zunehmender Reife können wir mehr und mehr selbst die Verantwortung für die Entfaltung unseres empathischen Potentials übernehmen. Für das Wir-Bewusstsein ist eine gut entwickelte Empathiefähigkeit von erheblicher Bedeutung. Je ausgeprägter mein „empathisches Organ" ist, je mehr ich mich anderen mit Interesse zuwenden kann, umso mehr weiß ich mich ihnen nahe und zugehörig.

Ein Aspekt wird in diesem Kontext meist außer Acht gelassen: der Faktor Zeit. Es mag eigenartig klingen, aber Empathie braucht Zeit und Muße. Wer den ganzen Tag angespannt vor seiner Arbeit sitzt und abends erschöpft ins Bett fällt, dem bleibt weder Zeit noch Energie, um sich anderen zuzuwenden. „Zeit für Empathie" lautet daher treffenderweise der Titel eines Buches, in dem es um ein „gelassenes Miteinander"[56] geht. Sie wissen aus eigener Erfahrung, dass gute Gespräche Ruhe und Zeit brauchen und dass Konflikte und Missverständnisse leicht dann entstehen, wenn wir unter Druck und Anspannung stehen.

TROTZDEM JA ZUM MENSCHEN SAGEN

„Ich mag Menschen." Dieser Satz, den ich vor Jahren in einem Bewerbungsschreiben gelesen habe, ist mir im Gedächtnis geblieben. Aus ihm spricht ein Menschenbild, das wie Empathie maßgeblich dazu beiträgt, dass wir uns im Wir wohl fühlen können. Ich bin Menschen prinzipiell positiv zugewandt. Ich gehe davon aus, dass ihr Verhalten zumindest aus deren Perspektive einen Sinn und einen Grund hat. Ich nehme an, dass jeder Mensch sich bemüht, sein Bestes zu geben, egal ob es ihm gelingt oder nicht. Tatsächlich habe ich weder als Seelsorgerin noch als Therapeutin jemals einen Menschen getroffen, der nicht redlich versucht hätte, sein Leben gut zu meistern. Dabei denke ich auch an jene Klient:innen, die Gefängnisstrafen hinter oder Gerichtsprozesse vor sich hatten.

Von Ignatius von Loyola, der im 16. Jahrhundert den Jesuitenorden gründete, stammt der wunderbare Satz: „Jeder gute Christ [Wir würden heute sagen: jeder Mensch guten Willens] muss bereitwilliger sein, die Aussage des Nächsten zu retten, als sie zu verurteilen, und wenn er sie nicht retten kann, erkundige er sich, wie jener sie versteht."[57] Ich „unterstelle" dem anderen gleichsam das Gute und versuche, mich imaginativ in seine Position zu begeben. Entsprechend kann ich auch bei Kommunitäten, die ich neu kennenlerne, davon ausgehen, dass in ihnen jede bzw. jeder nach Möglichkeit einen Beitrag leistet, anstatt schon im Vorhinein Neid und Grabenkämpfe zu argwöhnen.

Leicht fällt uns diese positive Grundannahme bei Menschen, die uns vertraut sind und denen wir uns nahe fühlen: „Mein Sohn doch nicht! Er wollte sicher nur …", verteidigen Mütter reflexartig ihr Kind. Ebenso einfach und spontan stellen wir uns auf die Seite derer, die wir als Opfer betrachten. Denken wir an die Beileidsbezeugungen und die Hilfsbereitschaft, die Betroffenen von Naturkatastrophen entgegengebracht wird. „Die Armen!", rufen wir und überweisen eine Spende, ohne zu überlegen, dass sich unter den vom Erdbeben Verschütteten wohl auch Lügnerinnen und Diebe befinden.

Wie aber können wir den Tätern begegnen? Was ermöglicht es uns, auch von Betrügern, Verbrecherinnen oder Terroristen grundsätzlich das Gute anzunehmen und so die Möglichkeit offen zu halten, dass sie Teil der Gemeinschaft bleiben und nicht ausgesondert werden?

Als Christin kommt mir bei der Beantwortung dieser Fragen mein Glaube zu Hilfe. Dank meines Glaubens kann ich davon ausgehen, dass ausnahmslos jeder Mensch Gottes Ebenbild und Kind ist. Als solches ist er mir Schwester und Bruder, auch wenn sein Antlitz von Hass und Bitterkeit entstellt ist. Darüber hinaus darf ich in dem Bewusstsein leben, dass es nicht an mir ist, über irgendeinen Menschen zu richten. Ich kann den Himmel mit Fragen und Klagen bestürmen, doch ein Urteil wird, so mein

Glaube, an anderer Stelle getroffen. Meine Aufgabe besteht darin, das Leben gemeinsam mit „Gerechten und Ungerechten" möglichst gut zu bewältigen, „denn er lässt seine Sonne aufgehen über Bösen und Guten"[58], wie es in der Bibel heißt. Vom persischen Mystiker Rumi stammt das Zitat: „Jenseits von richtig und falsch liegt ein Ort. Dort treffen wir uns." Indem wir uns immer wieder bewusst des Bewertens von Menschen enthalten, schaffen wir Raum für das Wir.

Vielleicht kennen Sie ähnliche Situationen: Eine Gruppe von Kindern sitzt konzentriert und eifrig beim Zeichnen zusammen, vereint im gemeinsamen Schaffen. Eine Betreuerin begutachtet die Ergebnisse, hebt eine Zeichnung hoch und meint: „Schaut her, sehr gut hat Simon diese Blume gemacht!" Spontan ducken sich die anderen zusammen, da in ihnen die Frage auftaucht: „Ich, habe ich es nicht sehr gut gemacht?" Die Freude am gemeinsamen Tun ist gebrochen. Was wäre es doch, wenn die Betreuerin, anstatt die Zeichnungen zu beurteilen, die gute Atmosphäre unter ihren Schützlingen gewürdigt hätte: „Wie schön, dass ihr heute so konzentriert beim Zeichnen seid!"

Wir können uns selbst dabei ertappen, wie wir andere nach dem Schema „besser oder schlechter" betrachten, uns mit ihnen vergleichen und so in ein Konkurrenzverhältnis bringen. Dann ist es gut, innezuhalten und uns wieder auf das Miteinander auszurichten, auf das Bereichernde des Zusammenseins, auf das, was jede und jeder Einzelne in ihrer bzw. seiner Einmaligkeit beizutragen hat, und wie wir einander unterstützen können. Immer wieder werden wir in uns den Impuls entdecken, zu bewerten oder besser als die anderen dastehen zu wollen. Doch indem ich diesen Impuls wahrnehme und um seinen destruktiven Sog weiß, kann ich ihn getrost beiseitestellen und mich wieder dem Wir zuwenden.

AUF DAS ICH ACHTEN

Es mag paradox klingen, aber auch die Suche nach dem Ich kann uns ins Wir führen. Denn wer nach einem erfüllenden Leben für sich selbst strebt, wird dieses nur gemeinsam mit anderen finden.

Im Erkunden meines Wesens und meiner Wünsche werde ich an vielen Stellen bemerken, dass ich zutiefst auf die anderen bezogen bin. Wenn ich feststelle, dass ich ein Partytiger bin, stellt sich die Frage, mit wem ich am liebsten abfeiere. Wer sein Talent zum Volleyball entdeckt, wird sich auf die Suche nach einem Team machen. Selbst der passionierte Schriftsteller, der in sich gekehrt seinen Roman verfasst, wartet letztlich auf die Resonanz seiner Leserschaft. So banal es klingt: Für vieles, um nicht zu sagen fast alles brauchen wir andere, brauchen wir Gemeinschaft. Diese Bedürftigkeit dürfen wir durchaus als Chance sehen, weil sie uns dorthin führt, wo unsere Vollkommenheit liegt: im gemeinsamen Dasein.

Viktor Frankl weist in seinen Vorträgen und Büchern wiederholt darauf hin, dass es ein menschliches Grundbedürfnis ist, sich gemeinsam mit anderen auf etwas Größeres hin zu beziehen, zu transzendieren. Erst dadurch erhalte das Leben Sinn. Wenn man Frankl folgt, müsste daher jeder Versuch der Selbstverwirklichung zugleich ein Weg zum Wir sein. So haben wir, allen Vorbehalten zum Trotz, Grund zum Optimismus, dass Selbstverwirklichungsseminare und einschlägige Ratgeber ein Beitrag dazu sein können, dass Menschen ins Miteinander finden.

GEMEINSAM SINN FINDEN

Was aber hält Gemeinschaften und Gruppen zusammen, wenn es schwierig und mühsam ist? Was macht es möglich, dass Menschen trotz Differenzen und Konflikte zusammenhalten? Erkenntnissen der Gruppenforschung zufolge bringen das in erster Linie nicht Sympathie und Zuneigung zuwege, sondern ein gemeinsames Ziel und ein gemeinsamer Auftrag. Gemeinschaft wird am intensivsten dort spürbar, wo ein gemeinsames Vorhaben verfolgt wird, eine gemeinsame Ausrichtung besteht.

In der Pfarre, in der ich vor Jahren als Pastoralassistentin arbeitete, gab es eine außerordentlich lebendige Jugendbewegung. Die Youngsters stritten sich regelrecht darum, ins Team der Gruppenleiter:innen aufgenommen zu werden. Bald wurde mir das Geheimnis ihres Erfolges klar: Die jungen Leute trafen sich nicht einfach, um Spaß zu haben, sondern arbeiteten stets an verschiedenen Projekten, sei es der Vorbereitung des Jungscharlagers, der Ausarbeitung eines Spielenachmittages oder eines der legendären Kellerfeste. Dabei stellte ich schmunzelnd fest, dass sie sich bei den Vorbereitungstreffen mindestens ebenso vergnügten wie bei den Events selbst. Lediglich das anschließende Aufräumen blieb eine unbeliebte Tätigkeit …

Ein Ziel, für das sich alle Beteiligten begeistern und einsetzen, kann Menschen zusammenschweißen und eine Vereintheit entstehen lassen, die Unterschiede in Charakter, Lebensweise und Weltbild überwinden lässt. Umso wichtiger ist es, dass dieses gemeinsame Anliegen im Zentrum der jeweiligen Gruppierung bleibt und nicht von Eigeninteressen oder geheimen Absichten überlagert wird.

Sich miteinander für etwas zu engagieren, stiftet Sinn. Wir können unsere Fähigkeiten einsetzen und erhalten Resonanz auf unser Tun. Ich erfahre, dass ich mit anderen etwas bewirken kann, dass es nicht egal ist, ob ich da bin oder nicht.

Viktor Frankl schreibt, der Mensch müsse „über sich selbst hinaus langen, […] nämlich entweder nach einem Sinn, den es zu erfüllen gibt, oder nach anderem menschlichen Sein, dem zu begegnen und das zu lieben es gilt.“[59] Ich meine, im Idealfall geschieht beides in einem. Wir transzendieren uns im gemeinsamen Sein auf einen gemeinsamen Sinn hin.

Je größer das verbindende Ziel ist, umso stärker kann der Zusammenhalt sein. Ein trauriges Beispiel dafür sind Völker, die um ihre Unabhängigkeit und Souveränität kämpfen. Betroffene schildern, wie sehr Angriffe von außen Solidarität und Zusammengehörigkeit hervorbringen. Es geht ja um nicht mehr und nicht weniger als um die Existenz, als eigenständiger Staat, aber auch des Einzelnen in seiner Sicherheit und Integrität. Gott sei Dank gibt es auch erfreulichere Anliegen, für die sich Menschen einsetzen und dabei Sinn und ein sinnstiftendes Miteinander erfahren. Dass sich Organisationen wie Caritas, Amnesty International oder der WWF weltweit etablieren konnten und sich in ihnen seit Jahrzehnten freiwillig Menschen für Mensch und Umwelt engagieren, ist ein untrügliches Indiz dafür.

Nicht zuletzt sind auch Glaubens- und Religionsgemeinschaften Vereinigungen, die aus einem fundamentalen gemeinsamen Ziel heraus entstehen: die Suche nach dem, was die Welt im Innersten zusammenhält, die Sehnsucht nach Gott. Auf die große Wirkkraft, ich möchte sagen Wir-Kraft, dieser spirituellen Sehnsucht werde ich am Ende des Kapitels noch näher eingehen.

Zunächst sollen aber noch zwei Komponenten beleuchtet werden, denen in diesem Kontext eine wichtige Rolle zukommt: gemeinsame Zeit und gemeinsames Feiern.

IN GUTEN UND IN SCHLECHTEN ZEITEN

Gemeinschaft und Feiern gehören zusammen, nicht nur, weil man alleine kein Fest feiern kann. Auch umgekehrt machen wir die Erfahrung, dass ein gemeinsames Fest, sofern es gelungen ist, unsere Zusammengehörigkeit stärkt. Im Feiern beschenken wir uns gegenseitig: mit Zeit, mit Lachen, mit dem gemeinsamen Genießen eines köstlichen Mahls und der geteilten Freude am zwecklosen Dasein. Im Feiern lerne ich neue Gesichter an anderen kennen. Der Koch überrascht mit seiner sonst unter der Haube versteckten Lockenpracht, die Ärztin wirkt ohne weißen Kittel zehn Jahre jünger und der Sekretär beweist am Tanzparkett erstaunliche Vitalität. Wie sehr uns das Feiern fehlt, wenn es uns verwehrt wird, haben wir während der Zeit der Corona-Pandemie erlebt. Keine Online-Party konnte ersetzen, was nach der Aufhebung der Lockdowns ausführlich nachgeholt wurde.

Wir alle sind in Familien oder familienähnlichen Strukturen aufgewachsen, haben mit anderen Bett, Bad und Tisch geteilt, Stunden, Tage, Jahre mit ihnen verbracht. Wir haben einander himmelhoch jauchzend und zu Tode betrübt, verschwitzt und in Festtagskleidung, schadenfroh und einfühlsam gesehen, gefühlt, gerochen. Unausweichlich sind dadurch eine Nähe und Vertrautheit entstanden, die außerhalb von Sympathie und Verstand liegen und nicht ausradiert werden können. Ähnliches lässt sich von Schulklassen, Internatsgruppen, aber auch langjährigen Arbeitsteams sagen.

Ich erinnere mich an ein Klassentreffen anlässlich eines Maturajubiläums. Nach fünfundzwanzig Jahren traf ich meine ehemaligen Kamerad:innen erstmals wieder. In kürzester Zeit befanden wir uns in einem angeregten Gespräch, und kein Außenstehender hätte angenommen, dass wir uns ein Vierteljahrhundert nicht gesehen hatten. In den acht Schuljahren, in denen wir Pausengespräche geführt, über Professoren geklagt, uns gemeinsam gelangweilt und vor Schularbeiten gezittert hatten, war eine ganz spezielle Verbindung gewachsen. Keine Kennenlerntage oder andere „gruppenbildende Aktivitäten" hätten diese hervorbringen können. „Wir müssen nur der Zeit ihre Zeit lassen." Dieser Satz eines ehemaligen Kollegen bringt es auf den Punkt. Wir tun gut daran, noch vor allen forcierenden Maßnahmen auf Konstanz zu achten, wenn wir Gemeinschaft fördern und erfahrbar machen wollen, in Kindergärten und Schulen ebenso wie in Betrieben und sozialen Einrichtungen.

Der Faktor Zeit ist für das Entstehen von Gemeinschaft aber nicht nur förderlich, sondern auch fordernd. Es ist eine Binsenweisheit: Die Zeiten ändern sich und wir mit ihnen, jede Einzelne und jede Kommunität. Zeit bedeutet Veränderung, und das löst in uns gemischte Gefühle aus. Veränderung klingt nach Abenteuer. Wir erwarten gespannt Neuigkeiten und freuen uns über Abwechslung. Zugleich kann Veränderung beängstigen. Sie bringt Unbekanntes und Unberechenbares. Das auszuhalten, erfordert neben der Fähigkeit zur Selbstwahrnehmung auch eine Portion Selbstsicherheit. Es gilt, die Vorfreude ebenso wie die Angst vor dem Neuen wahrzunehmen. Und sich bewusst zu machen, dass ich das Bevorstehende aushalten und entsprechend darauf reagieren kann.

Eine alleinerziehende Mutter kommt zur Selbsterfahrung in die Praxis. Ihre Kinder sind fast erwachsen und werden in absehbarer Zeit ausziehen. Sie nimmt Erleichterung ebenso wahr wie ein gewisses Unbehagen. Wir erarbeiten verschiedene Möglichkeiten, wie sie mit dieser Veränderung umgehen kann. Sie könnte alte Freundschaften intensivieren, in eine Wohngemeinschaft übersiedeln, sich als Leihoma engagieren usw. Ich rate auch, das Ungeplante einzuplanen, sich offen zu halten. Es kann jederzeit ganz anders kommen. Die Klientin ist bereit für Instabilität.

SICH UM DAS MITEINANDER MÜHEN

Trotz aller Bemühungen und Achtsamkeit kommt uns das Wir immer wieder abhanden. Unvermittelt wird aus dem Miteinander ein Nebeneinander oder ein Gegeneinander. Die Kinder sind lästig, die Kolleg:innen nerven uns und wir sie. Oder wir sind einfach zu müde, um uns für die Erzählungen der anderen zu interessieren. Und dann gibt es noch den trägen „Schweinehund" und das boshafte „Teufelchen" in uns, die allen Bemühungen zum Trotz immer wieder aufleben. Wer sich auf ein Wir einlässt, tut gut daran, auf dessen Unzulänglichkeiten gefasst zu sein.

Wir sind eine Gemeinschaft von Sündern, konstatiert der evangelische Theologe Dietrich Bonhoeffer nüchtern in seinem Buch „Gemeinsames Leben"[60]. Wir entlasten uns, wenn wir uns selbst, den anderen und unseren Kommunitäten erlauben, unvollkommen zu sein. Es ist vollkommen ausreichend, wenn wir eine halbwegs gut kooperierende Gemeinschaft sind. Wir müssen weder eine Vorzeigefamilie noch eine Musterklasse oder ein Dreamteam sein.

Grundsätzlich wissen wir, wie weit das Ideale und Normale auseinander liegen. Dennoch geraten wir rasch in den Sog überhöhter Ansprüche. Der Humor kann an dieser Stelle hilfreich sein. „Niederfallen, aufstehen, Krönchen richten und weitergehen", lautet die Aufschrift auf einer Spruchkarte, die monatelang vor der Zimmertür einer Mitschwester hing. Sie hat mich mit einem Augenzwinkern daran erinnert, dass Niederfallen ebenso wie Niederlagen zum Leben gehören, als Einzelne, aber auch als Gemeinschaft.

Freilich stellt sich die Frage: Wie gehen wir mit Fehlern der anderen um, vor allem, wenn sie gravierend sind oder zur Regel werden? Da tut es zunächst gut, mich mir selbst zuzuwenden. Gelingt mir ein liebvolles Hinsehen auf den Betroffenen? Ist mein Blick auf sein Fehlverhalten verengt oder kann ich es im Rahmen der ganzen Person betrachten? Versuche ich zu verstehen, was dem Missverhalten oder Missverhältnis zugrunde liegt? Erst wenn ich auf diese Weise innegehalten habe, kann ich fragen: Was braucht es, damit wir wieder in ein gutes Miteinander finden? Häufig werden wir dabei feststellen, dass der entscheidende Akt im Verzeihen liegt. Es ist keineswegs davon auszugehen, dass die anderen sich ändern oder gar bessern werden. Wissen wir doch von uns selbst, wie selten wir aus unseren Fehlern gelernt haben. Mit gutem Grund ermutigt daher die Bibel ihre Leser:innen, nicht sieben, sondern siebenundsiebzig Mal zu verzeihen.

Vergebung ist möglich, wenn mein Blick nicht am Misslungenen hängen bleibt, sondern ich die gesamte Person im Blick habe. Das bedeutet nicht, dass ich alles schweigend hinnehme, im Gegenteil. Im Gespräch über Fehltritte und Versäumnisse kann ich nicht nur Ärger, Enttäuschung und Verunsicherung mitteilen, sondern auch eine Ahnung davon bekommen, was sich hinter dem jeweiligen Verhalten verbirgt.

Der Journalist Werner Bartens erzählt von einem Ritual des in Sambia lebenden Volkes der Babemba. Wenn jemand eine Straftat begangen hat, wird er in den Kreis der die Gemeinde führenden Personen geholt. Zunächst wird das Vergehen besprochen. Anschließend muss sich der Übeltäter in die Mitte stellen, und die Führungsmitglieder rufen ihm, von Musik begleitet, einer nach dem anderen seine Fähigkeiten und Stärken zu. Nach einer gewissen Zeit wird der Übeltäter wieder in den Kreis eingereiht.[61] Wir können uns ausmalen, was dieses beeindruckende Prozedere bewirkt, in jedem Einzelnen und für die Gemeinschaft.

Jede und jeder von uns ist selbst immer wieder auch Täterin bzw. Täter und bedarf der Vergebung durch andere. Anspruch darauf haben wir freilich keinen. Vergebung ist ein freiwilliger Akt, und vermutlich haben viele von uns schon die leidvolle Erfahrung gemacht, dass sie uns verweigert wird. Wiederum wird deutlich, was bereits vielfach angeklungen ist: Der Weg zum und im Wir ist immer ein gemeinsamer. Ob er gelingt oder nicht, hängt von allen Beteiligten ab. Das Wir ist und bleibt ein Geschenk, das man nicht erzwingen kann. Aber wir können eine Sensibilität dafür entwickeln, wo und mit wem es zu finden ist.

Dass es, allen Unkenrufen zum Trotz, viele solcher Orte gibt, stimmt optimistisch. Die unzähligen Akte der Solidarität, die täglich, bemerkt oder unbemerkt, gesetzt werden, sind der Beweis dafür. Wir dürfen darauf vertrauen, dass das „kooperative Gen"[62] in uns nicht auszulöschen ist.

GEMEINSAM GLAUBEN

Wir haben über Wahrnehmung, über Wertschätzung und Weitherzigkeit als Wegweiser ins Wir nachgedacht. Den Königsweg zum Wir finde ich als Christin und Ordensfrau aber in Glauben und Spiritualität. Dabei denke ich nicht nur an den christlichen Glauben, in dem ich mein Zuhause gefunden habe. Auch von Menschen anderer Religionsbekenntnisse weiß ich, welch tragende Rolle die Religionsgemeinschaft in ihrem Leben einnimmt.

Vielleicht waren Sie schon im Zuge einer Reise in einem Gottesdienst? Obwohl sie niemanden kannten, haben Sie sich den Mitfeiernden verbunden gefühlt, weil Sie davon ausgehen konnten, dass Sie sich unter Ihresgleichen befanden, unter Gottsuchenden, und dass dieses gemeinsame Anliegen Sie mit all den Fremden verband.

Von dieser Erfahrung zeugen Heilige Schriften seit Jahrtausenden. „Zu Beginn bildeten die Menschen eine einzige Gemeinschaft"[63], heißt es in der 2. Sure des Korans. Und in den ersten Kapiteln des Alten Testaments lesen wir: „Es ist nicht gut, dass der Mensch allein ist."[64] Wer Bibel, Koran oder die buddhistischen Sutras studiert, braucht keine philosophischen Abhandlungen über das soziale Wesen des Menschen mehr. Die Aussagen des Apostels Paulus etwa über das Zusammenleben in inhomogenen Gemeinden bieten reichlich Stoff für psychologische oder soziologische Abhandlungen. Glaubenden steht mit diesen Texten ein reicher Schatz zur Verfügung, den wir dank der modernen Technik auch stets per App bei uns tragen können.

Im Zentrum jedes Glaubens stehen die Fragen nach dem Woher, Wodurch und Wohin. Fragen, in denen es im wahrsten Sinn um Sein oder Nicht-Sein geht, nicht zu vergleichen mit der Frage, was Sie heute zu Mittag essen möchten. Glaubensgemeinschaften sind der Versuch, gemeinsam diesen existenziellen Fragen nachzugehen, Antworten zu entwerfen und für die Praxis fruchtbar zu machen.

Glaube vollzieht sich aber nicht nur auf einer seelisch-geistigen Ebene. Er wird sichtbar, spürbar, hörbar in Geschichten, Gesten, Gesängen. Ich erinnere mich an meine Sendungsfeier im Stephansdom. Als in der vollen Kathedrale zu den Klängen der Orgel das „Großer Gott, wir loben dich" tausendstimmig gesungen wurde, habe ich das biblische Wort „Alle(s) zur Ehre Gottes!" nicht nur verstanden, sondern leibhaftig erfahren. Gemeinsam zeichnen sich Gläubige ein Kreuz auf die Stirn, verneigen sich Richtung Mekka, antworten wie aus einem Mund: „Amen". Dass Menschen mit Leib und Seele glauben, ist Basis dafür, dass Glaube Heimat wird und Glaubensgemeinschaften Lebensräume sind, in denen man sich im täglichen Leben ebenso hilft, wie man gemeinsam Weihnachten oder Geburtstage feiert.

Für mich als Christin wird Glaube speziell in der Gestalt Jesus von Nazaret konkret, von dem der Apostel Paulus schreibt, er sei die Menschenfreundlichkeit in Person gewesen.[65] Vorbehaltlos, so erzählt es uns das Neue Testament der Bibel, ging er auf Menschen zu, unabhängig von deren ideologischer und religiöser Herkunft, selbst wenn schwere Vorwürfe wie Korruption oder Schamlosigkeit gegen sie im Raum standen. Sogar jenen, die ihm Unverständnis, Vorurteile und Ressentiments entgegenbrachten, blieb er unbeirrbar zugewandt. Indem ich mich an ihm orientiere, gelange ich über die christliche Gemeinschaft hinaus in eine universale Verbundenheit, die nichts und niemanden ausschließt. Sein Auftrag, in „alle Welt" zu gehen und das Gleiche zu tun wie er, gilt.[66] Bis heute.

Gottesdienst, Gebet und Meditation sind prädestinierte Orte, an denen spirituelle Zusammengehörigkeit spürbar wird. In der katholischen Kirche ist es vorwiegend die traditionelle Form der Messfeier, in der die Gemeinschaft der Glaubenden zum Ausdruck kommt. In den Fürbitten etwa wird füreinander und für alle Menschen gebetet, inklusive den Verstorbenen und den kommenden Generationen. Damit wird eine Zusammengehörigkeit geschaffen, die Vergangenheit und Zukunft einschließt und niemanden ausschließt. „Einen Bruder, für den ich bete, kann ich bei aller Not, die er mir macht, nicht mehr verurteilen oder hassen"[67], schreibt Dietrich Bonhoeffer. Sinnlich wahrnehmbar wird Verbundenheit im Friedensgruß, bei dem die Mitfeiernden dem Nachbarn stellvertretend für alle Anwesenden die Hand geben. Diese Geste ist Ausdruck des Glaubens, dass das friedliche irdische Miteinander einen Vorgeschmack auf den himmlischen, ewigen Frieden gibt. Zugleich ermutigt sie dazu, den Frieden ganz praktisch und alltäglich wieder neu zu versuchen, vor allem mit jenen, die gerade vor oder neben mir stehen.

Wer die Erfahrung von Retreats oder Exerzitien gemacht hat, also Zeiten, die ausschließlich dem schweigenden Gebet gewidmet sind, weiß, dass auch in der wortlosen Meditation Zusammengehörigkeit entstehen kann. Man schweigt gemeinsam, um auf leise Weise in eine Verbindung mit Gott und der Welt zu treten, die mir in der Geschäftigkeit des Alltags verwehrt ist. Obwohl über Tage hinweg kaum gesprochen wird, lernen sich die Teilnehmer:innen auf ganz eigene Weise kennen, erahnen, wie es den anderen geht, und wachsen zu einer Gemeinschaft zusammen.

Gebet heißt aber auch Gesang und Jubel. Feste und Feiern haben in allen Religionen einen zentralen Stellenwert. Dass Feiern das Miteinander stärkt, haben wir bereits bedacht. Ihre spezielle Qualität erhalten religiöse Feiern, weil in ihnen die Dimension des Göttlichen gegenwärtig ist. Wir haben, so mein Glaube, einen himmlischen Grund zu feiern, und feiernd können wir jetzt schon von dem verkosten, was uns im ewigen Festmahl erwartet.

VI.
DAS GELUNGENE WIR

Wir haben uns unsere Sehnsucht nach Gemeinschaft ebenso vor Augen geführt wie die immer schon bestehenden Verbindungen zwischen allen Wesen. Ich habe eine Reihe von Faktoren beschrieben, die es uns erschweren, Gemeinschaftlichkeit und Verbundenheit wahrzunehmen. Zuletzt habe ich versucht, aufzuzeigen, wie es möglich wird, in ein Miteinander zu finden und aus ihm zu leben. Aber worin besteht nun ein gelungenes Wir-Erleben und wie wird es konkret?

Obwohl das Wir unser gesamtes Dasein umfasst, ist es schwer zu benennen. Es durchdringt meine Identität, mein Fühlen, mein Denken, erschöpft sich aber weder in dem einen noch in dem anderen. So unmittelbar ist es uns, dass es kaum zu fassen ist. Wir versuchen es mit Worten wie Einigkeit, Verbundenheit, Zusammenhalt, um festzustellen, dass es all diesen Worten entgleitet. Das Wir ist weder definierbar noch begrifflich einholbar. Zugleich wissen wir immer schon um seine fundamentale Bedeutung und nehmen es auf unterschiedlichen Ebenen wahr, mit unseren Sinnen ebenso wie mit unserem Geist, persönlich und anonym, synchron und diachron.

Je stärker das Wir in uns präsent ist, umso mehr werden wir uns in der Welt zu Hause fühlen, wird uns weder die Anwesenheit anderer ängstigen noch das Alleinsein einsam machen.

Eine Ordensfrau, mit der ich schon lange befreundet bin, sagte in einem unserer Gespräche: „Weißt du, ich fühle mich den

Menschen so verbunden, dass sie mir alle wie Bekannte erscheinen." Sie war Gastmeisterin in einem Kloster, und tatsächlich begrüßte sie sämtliche Neuankömmlinge so herzlich, dass diese sich schnell wie daheim fühlten.

DAS GELUNGENE WIR IST IMMER EIN GEWINN

Soziales Verhalten und Kooperationsbereitschaft stehen häufig als Anspruch vor uns. Man fordert von uns die Fähigkeit zum Zusammenleben und zur Kommunikation. Unternehmen wie gemeinnützige Einrichtungen verlangen von ihren Mitarbeiter:innen „soziale Kompetenzen". Ein „Aso" zu sein, also sich asozial zu benehmen, stellt hingegen eine schwere Beleidigung dar. Der Akzent liegt auf der Soll-Seite des „Sozialen". Demgegenüber möchte ich seine weit weniger beleuchtete Gewinn-Seite in den Vordergrund rücken. Wenn wir uns als *animal sociale*, als „soziale Wesen", verstehen, impliziert das in erster Linie nicht ein Gebot, sondern ein Geschenk. Als Teil einer Gemeinschaft habe ich nicht vorrangig eine Leistung zu erbringen. Es heißt zugleich, aufgehoben und getragen zu sein, bedeutet Empfangen ebenso wie Geben, Erzählen ebenso wie Zuhören. In all diesen Spannungsfeldern vollzieht sich menschliches Leben und jede Einseitigkeit würde eine Verarmung bedeuten.

Wir erinnern uns an Viktor Frankl: Ein wesentlicher Zug des Menschen besteht darin, sich auf andere hin zu überschreiten, sei es als Schenkender oder Beschenkter. Mit anderen Worten: Im Wir findet das Ich Erfüllung und Sinn.

In einem Selbsterfahrungsseminar gab ich Kleingruppen die Aufgabe, innerhalb einer gewissen Zeit jeweils einer Person kleine Dienste zu erweisen: ihr eine Decke zu bringen, etwas zu trinken einzuschenken usw. Die Einschränkung bestand darin, dass bei allen Tätigkeiten nur eine Hand benutzt werden durfte. In der ersten Runde versuchte jede bzw. jeder der Teilnehmer:innen, möglichst schnell alleine und unter allerlei Verrenkungen einen der Dienste zu erledigen, sodass binnen weniger Minuten die Aufträge „erledigt" waren und die zur Verfügung stehende Zeit bei weitem nicht ausgeschöpft war. Als Beobachterin hatte ich den Eindruck, einem Wettkampf beizuwohnen. In einer zweiten Runde forderte ich die Gruppen auf, es „ganz anders" zu machen als beim ersten Mal. Nun kamen einige Teilnehmer:innen auf die Idee, die Aufgaben gemeinsam zu erfüllen: Die Decke wurde gemeinsam ausgebreitet, was natürlich viel einfacher war, und während die eine die Flasche festhielt, öffnete der andere den Verschluss. Plötzlich änderte sich die Atmosphäre im Raum. Die Aufmerksamkeit lag nicht mehr nur auf der Tätigkeit, sondern war notwendigerweise auch auf das kooperierende Gegenüber gerichtet. Die Aufträge wurden ruhig und bedacht ausgeführt. In der anschließenden Reflexion berichteten die Personen, die bedient worden waren, dass die anfängliche Hektik der Kolleg:innen und das Beobachten, wie diese sich plagten, Unbehagen in ihnen ausgelöst hatte. Eine der „dienenden" Teilnehmer:innen meinte: „Funktioniert hat die Übung auch in der ersten Runde, als jede allein eine Aufgabe erfüllte, aber als wir zusammengeholfen haben, hatte sie mehr Sinn." Mit ihrer Aussage fasste sie zusammen, was die spezielle Qualität des Gemeinschaftlichen ausmacht: Es gibt dem Sein und Tun eine Bedeutung, die sich der Solipsist nicht geben kann.

DAS GELUNGENE WIR IST REICHHALTIG

Sich ins Miteinander zu begeben, macht das Leben komplex. Es bedeutet, dass ich mit meinem Blick nicht nur mich, sondern auch die anderen, ja, das Ganze zu erfassen suche. Das bringt Fragen mit sich. Was ergibt sich aus meinem Handeln für mich ebenso wie für die anderen, die ja doch wiederum die Meinen sind? Die Vielfalt, die aus der Verbundenheit erwächst, ist zugleich deren Reichtum. „Allein ist es einfacher, aber gemeinsam ist es schöner", fasste es eine Klientin und mehrfache Mutter zusammen.

Ein einfaches Beispiel: Ich komme spät, hungrig und müde nach Hause. Meine Mitschwestern schlafen schon. Ich freue mich über die Suppe, die für mich in der Küche bereitsteht. Sie haben an mich gedacht. Trotz meiner Müdigkeit schreibe ich ein kleines Briefchen: „Guten Morgen, danke!" und male ein Smiley dazu. Stelle mir das kleine Lachen vor, das ich damit meiner Mitschwester Angelika ins Gesicht zaubere, und lache innerlich im Voraus mit. Dank, Erschöpfung, Heiterkeit, Gedanken, Gefühle, Gesten – so viel Leben in so einer kurzen Szene, die ich als Alleinlebende nie erleben würde. Wir können sie täglich tausendfach finden, wenn wir der Komplexität des Miteinander Raum und Wert geben.

Das hört sich alles kompliziert an, finden Sie? Ich stimme Ihnen vollkommen zu. Gemeinsam zu leben, ist komplex, solo ist simpel. Wer sein Leben den Maßstäben von Funktionalität und Effizienz unterwirft, wird besser beraten sein, es auf sich selbst zu reduzieren. Das Mitdenken der anderen und noch mehr das gemeinsame Entwerfen und Umsetzen von Projekten erfordert ein hohes Maß an Zeit, Geduld und Aufgeschlossenheit. Timothy Radcliffe, der ehemalige dominikanische Ordensmeister, weist wiederholt darauf hin, dass Beschlüsse, die in kommunikativer Weise erarbeitet und getroffen werden, mühsam und langwierig sein können. Aber selbst einer wohltätigen Autokratie, so schreibt er, sind gemeinsame Entscheidungsprozesse vorzuziehen, denn „sie bilden Menschen heran"[68].

Ich und Wir stehen sich im gelungenen Fall nie gegenüber oder in Konkurrenz. Das wäre schon allein deshalb sinnwidrig, weil ich ja Teil des Wir bin.

Noch einmal möchte ich Benedikt von Nursia zitieren: „Der Abt soll den Rat der Brüder anhören und mit sich selbst zu Rate gehen."[69] Er hört auf jeden Einzelnen wie auf sich selbst. „Du sollst den Nächsten lieben wie dich selbst." Neun Mal erinnert die Bibel daran, dass sich in dieser Grundhaltung unser Menschsein erfüllt. Auf unseren Kontext angewandt heißt das: Ich nehme die anderen ebenso ernst wie mich selbst. Ich achte auf mich genauso wie auf die Gesamtgemeinschaft. Dabei begnügen wir uns nicht damit, darauf aufzupassen, dass weder ich noch der andere übervorteilt wird. Vielmehr stellen wir uns in eine konstruktive Interaktion, in der „die Hand, die wir halten, uns selbst hält", wie es in einem bekannten Kirchenlied heißt. Timothy Radcliffe vergleicht dieses Zusammenspiel mit einem Ökosystem, in dem die verschiedenen Gewächse und Tiere nicht einfach nebeneinander existieren, sondern einander befruchten und in symbiotischen Beziehungen stehen. Der Regenwurm lockert die Erde, indem er sich aus ihr Nahrung holt. Algen reinigen das Wasser, das ihnen den idealen Lebensraum bietet usw. Auf diese Weise, so Timothy Radcliffe, können auch rare und äußerst fragile Arten wachsen und Frucht bringen.[70]

Noch weiter geht der evangelische Theologe Dietrich Bonhoeffer, wenn er meint, in einer Gemeinschaft komme „alles darauf an, dass jeder Einzelne ein unentbehrliches Glied einer

Kette wird"[71]. Jeder steht an der Stelle, wo er am meisten glänzen kann. Damit ist das geglückte Wir auch weit weg von jedem Kollektivismus, in dem ich wie die anderen zum namen- und gesichtslosen Objekt werde und in dem es um Masse anstatt um Menschen geht.

DAS GELUNGENE WIR IST IM FLUSS

Im Bild vom Ökosystem kommt weiters zum Ausdruck, dass Gemeinschaft in ihrer Vollform nicht etwas in sich Abgeschlossenes ist. Denken Sie an einen Waldteich. Da steht ein Baum je nach Wasserpegel noch am Ufer oder schon halb unter Wasser. Wo beginnt nun der Wald, wo endet der Teich? Gedeihliche Gemeinschaften „sind keine kleinen Gefängnisse"[72], ihre Grenzen sind offen und nicht eindeutig zu ziehen. Und dennoch gibt es Punkte, an denen wir klar sagen können: „Das gehört nicht mehr zu uns" oder: „Hier bin ich mittendrin".

Das offene Miteinander ermöglicht, dass es sich erneuern und entwickeln kann, auf sich wandelnde Bedingungen adäquat reagieren und Neues oder Neue integrieren kann. Wir werden zugeben, dass Geschlossenheit unserem Bedürfnis nach Sicherheit entgegenkommt und Offenheit riskant ist. Das Herankommende kann böse oder erfreulich sein. Es tut gut, dieses Spannungsverhältnis von Sicherheitsbedürfnis und Entwicklungsdrang im Auge zu behalten.

Trotz seiner Offenheit soll ein gutes Wir Schutz bieten. Miteinander können wir die Ungewissheit aushalten, die nicht in erster Linie in der Offenheit, sondern im Leben selbst besteht. Ein „tragendes soziales Netz", wie es die Resilienzforschung nennt, gibt mehr Sicherheit als alle Schutzmaßnahmen. Von Kindern wissen wir, dass es kein wirksameres Mittel gegen Angst gibt, als sich an Mama oder Papa zu kuscheln. Ich selbst durfte durch meinen Eintritt in den Orden bemerken, wie Existenzsorgen materieller Natur nach und nach schwanden. Die *communio bonorum*, also das Zusammenlegen unserer Einkünfte, gibt mir die Gewissheit, dass mein Lebensunterhalt dank meiner Mitschwestern selbst in Zeiten von Krankheit oder Arbeitslosigkeit gesichert ist. Ein Umstand, den ich als Privileg zu schätzen weiß.

Zusätzlich ermöglicht eine lebendige Gemeinschaft eine Form von Kontinuität, die sich ein Einzelner niemals geben kann. Der Tennisverein existiert nach meinem Austritt weiter. Adelsgeschlechter und Clans, Glaubens- und Ordensgemeinschaften bestehen über Jahrhunderte hinweg. Manchen Sozietäten eignet dadurch etwas von Unsterblichkeit: Meinen Orden, die Dominikanerinnen, gibt es seit über achthundert Jahren und es gibt keine Anzeichen, dass er sich in nächster Zeit auflösen wird.

Permanenz heißt permanente Veränderung, ein Umstand, den das Modell der Themenzentrierten Interaktion (TZI, ein Konzept zur Gestaltung von Gruppen) mit dem Begriff des *Fließgleichgewichts* umschreibt. Kontinuität und Progression gehen Hand in Hand. Diese Dynamik hat besonders der Soziologe Niklas Luhmann analysiert. Er definiert Kommunikation als Prozess von aneinander anschließenden Operationen, wobei immer offen ist, welche Operation aus der anderen folgt. Luhmann zufolge sind soziale Systeme nur von so langer Dauer, wie sie operieren, also in fortlaufender, offener Entwicklung sind. Es ist nie vorauszusehen, wohin ihre Entwicklung führt. In Gemeinschaft zu leben, bedeutet daher immer, bereit für das ganz Andere zu sein, das Unerwartete erwartend. Es bleibt spannend.

DAS GELUNGENE WIR IST GEORDNET

Jedes funktionierende Miteinander braucht eine spezifische Ordnung und eine sinnvolle Form von Leitung. Und zwar umso mehr, je enger die Mitglieder in Verbindung stehen und je komplexer die Aufgabe ist, die sie zu erfüllen haben. Aber auch für einmalige Zusammenkünfte ist eine durchdachte Struktur förderlich. Waren Sie schon einmal auf einer Hochzeit, bei der die Tischordnung misslungen war? Von Diplomat:innen weiß ich, dass sie bei jedem noch so kleinen Abendessen viel Augenmerk darauf legen, wer neben bzw. gegenüber wem zu sitzen kommt. Dabei gibt es keine allgemein gültigen Regeln. Jede Sitzordnung wird dem Kreis der Geladenen angepasst.

Im guten Fall können wir die äußere Struktur auch innerlich mitvollziehen. Ich weiß um meine Position in der Gruppe und kann diese bejahen. Das gilt besonders in Hinblick auf die Frage nach der Leitung. Jede und jeder von uns weiß aus Erfahrung, wie viel von der Qualität einer Führungsperson oder eines Leitungsteams abhängt. Einer der Hauptgründe, warum Arbeitnehmer:innen ihren Job wechseln, ist Unzufriedenheit mit den Vorgesetzten. Auch die großen Ordensregeln widmen sich ausführlich der Frage nach der Ausübung der Leitung. Es ist hier nicht der Rahmen, um auf dieses Thema detaillierter einzugehen. Ich möchte vielmehr darauf hinweisen, dass es nicht nur eine Kunst ist, eine Gemeinschaft zu leiten, sondern auch, sich leiten zu lassen. Vertrauen, Großmut und Eigenständigkeit sind nur einige der Zutaten, die dazu nötig sind. Wer sich prinzipiell gegen Autoritäten wehrt, kann nur schwerlich einen guten Platz als „einfaches Mitglied" in einer Gruppe einnehmen. Alfred Adler meint, dass ein gut entwickeltes Gemeinschaftsgefühl die beste Voraussetzung dafür ist, dass Menschen sich führen lassen können. Das Anerkennen der Leitung, so schreibt er, „darf sich nicht auf eine gewaltsame Einflussnahme gründen, sondern muss auf dem Gemeinschaftsgefühl beruhen"[73]. Gruppen funktionieren also einerseits aufgrund der Persönlichkeit der Vorgesetzten und andererseits, weil Konsens besteht, dass ein gedeihliches Miteinander Führung braucht.

DAS GELUNGENE WIR IST STARK

Wenn ich vom gelungenen Wir spreche, denke ich nicht nur an Stunden voll Freude und Leichtigkeit. Die Tragkraft von Verbundenheit und Zusammengehörigkeit wird auch, vielleicht gerade dann wirksam, wenn es mühsam und anstrengend ist. Dabei greift das Sprichwort „Geteiltes Leid ist halbes Leid" zu kurz. Für den, der den Paradigmenwechsel vom Ich zum Wir vollzogen hat, stellen sich nämlich viele Situationen neu dar.

Ich sitze am Abend eines höchst unerfreulichen Tages mit meinen Mitschwestern zur Meditation in der Kapelle. Wofür kann ich heute danken? Ein Ärger hat den anderen abgelöst, am meisten ärgere ich mich über mich selbst. Aber halt! Einer meiner Schützlinge hat mir geschrieben, dass er endlich die Führerscheinprüfung geschafft hat. Und hat mir nicht eine Seminarteilnehmerin begeistert von dem Spaziergang erzählt, den ich ihr empfohlen habe? Dann fallen mir noch die jauchzenden Kinder ein, die ich auf dem Heimweg in ihr Spiel vertieft gesehen habe. Nun erfüllt mich Dankbarkeit für den Erfolg, die Freude, die Lebendigkeit der anderen, die, ich wiederhole es noch einmal, die Meinen sind. Ich darf teilhaben an ihrer Begeisterung, kann mich mitfreuen mit ihrem Erfolg. Das entlastet mich von dem Druck, fortwährend mein höchstpersönliches Glück zu suchen, das ich doch, wie bereits ausgeführt, niemals im Alleingang finden kann.

Noch existenzieller spürbar ist die Bedeutsamkeit des Miteinander bei Schicksalsschlägen und in Notsituationen. Kann eine Familienmutter den Unfalltod ihres Mannes verkraften, ein Paar trotz des unerfüllten Kinderwunsches glücklich werden? Sie können es, aber niemals allein, sondern aufgehoben in dem gemeinsamen Bemühen vieler, aus der Situation das Beste zu machen. Der Tod des Familienvaters ist nicht nur eine Herausforderung für dessen Frau und Kinder, sondern für sämtliche Personen, die ihm und seiner Familie verbunden sind. Sie alle sind gefragt, zusammen diese Tragödie zu überstehen. Der unerfüllte Kinderwunsch ist nur dann keine Katastrophe, wenn das Paar seinen passenden Platz im Miteinander einer größeren Gemeinschaft erhält, in der die verschiedenen Generationen zusammenleben.

Wenn die jungen Flüchtlinge von den zahlreichen Todesfällen in ihren Familien erzählten, fragte ich mich oft, wie speziell ihre Mütter diese Schicksalsschläge bewältigen und, auch materiell, überleben konnten. Frauen, die häufig nicht einmal des Lesens mächtig waren und denen es verboten war, einer Arbeit außer Haus nachzugehen. Die Antwort war einfach: Nicht sie alleine, sondern die gesamte Familie, Großeltern, Onkel, Tanten usw. übernahmen selbstverständlich die Verantwortung, für das Finanzielle ebenso wie für die Erziehung der Kinder. „Wir waren trotzdem glücklich", bemerkte ein Jugendlicher aus Afghanistan, nachdem er mir von der prekären Situation erzählt hatte, in der er als Halbwaise aufgewachsen war. Im Zusammenhalt lässt sich das Leid aushalten.

Wenn das Wir gelingt, können wir nicht nur Unerträgliches ertragen, sondern auch Unglaubliches erbringen. Hinter jeder

Höchstleistung steht ein Team, dessen Mitglieder sich gegenseitig ergänzen und beflügeln. Das gilt selbst im Einzelsport. Denken Sie an die unbeschreibliche Geschwindigkeit, mit der die Kollegen im Boxenstopp zugange sind und so „ihrem" Rennfahrer zum Sieg verhelfen. Auch wenn wir am Podest stets nur den Piloten sehen, ist zu hoffen, dass hinter den Kulissen der Champagner gemeinsam getrunken wird.

Musik ist ein weiteres Exempel dafür, wie reichhaltig kooperatives Schaffen sein kann. Musiker schwärmen davon, dass sie im gemeinsamen Singen und Spielen etwas hervorbringen, von dem sie selbst nicht wussten, dass es in ihnen steckt. „WeQ – More than IQ"[74] lautet der sprechende Titel eines Buches, in dem der Zukunftsforscher Peter Spiegel dieser Erfahrung nachgeht.

Medizinische Studien weisen darüber hinaus nach, dass gelungene Kooperation auch einen positiven Effekt auf die menschliche Gesundheit hat. Menschen, die mit anderen kreativ und produktiv zusammenarbeiten, zeigen ein vermindertes Schmerzerleben und verfügen über ein besseres Immunsystem.

DAS GEGLÜCKTE WIR IST HEILIG

Ein gelingendes Miteinander ist aber viel mehr als ein positiver Wirkfaktor oder eine gesundheitsfördernde Maßnahme. Es besitzt einen Mehrwert, eine besondere Qualität, die hinausweist über das faktisch Messbare und die ich als *heilig* bezeichnen möchte. „Das war göttlich!", sagen Jugendliche nach einem fröhlichen Fest. Auch eine fruchtbare Zusammenarbeit, die Erfahrung des Zusammenhalts in schweren Zeiten oder eine innige Verbindung über tausende Kilometer hinweg können Ausgangspunkt für diese spirituelle Erfahrung sein. Ich nenne es Gotteserfahrung, Augenblicke, in denen Gott und Mensch gleichermaßen zum Leuchten kommen. „Wo Menschen sich verschenken, […] sich verbünden, den Hass überwinden, […] da berühren sich Himmel und Erde", heißt es in einem meiner Lieblingslieder.

Das Heilige ist etwas Kostbares. So ist es nur angemessen, wenn wir angesichts solcher „göttlichen" Gemeinschaftserfahrungen Dankbarkeit in uns spüren, wie man für ein schönes Geschenk dankbar ist.

Das Heilige folgt einer eigenen Logik. Es „funktioniert" nicht, schon gar nicht nach den Regeln der Ökonomie. Gleiches gilt für das gemeinsame Dasein. Viktor Frankl konstatiert, dass der Mensch gerade in der Hingabe an andere Sinn findet. „Sich selbst verwirklichen kann er also eigentlich nur in dem Maße, in dem er sich selbst vergißt."[75] Ähnlich formuliert es der Evangelist Lukas in der Bibel: „Wer sein Leben behalten will, wird es verlieren."[76] Und auch der Volksmund weiß, dass im menschlichen Miteinander andere als die mathematischen Formeln gelten: „Geteiltes Leid ist halbes Leid, geteilte Freude, doppelte Freude", heißt es etwa, oder: „Geben ist seliger als nehmen".

In all diesen Sätzen kommt zugleich zum Ausdruck, dass das gelungene Wir etwas mit Großzügigkeit und Geben zu tun hat. „Liebe besteht im gegenseitigen Sich-Mitteilen"[77], schreibt Ignatius von Loyola in seinen „geistlichen Übungen".

Dieses Teilen ist möglich, weil das „heilige Miteinander" sich aus einer unerschöpflichen göttlichen Quelle speist. Dort, wo Menschen gemeinsam dem Fluss dieser Quelle folgen, gelangen sie in eine Fülle, die nicht aus ihnen stammt und die nicht in Zahlen zu fassen ist.

Das klingt alles viel zu schön, um wahr zu sein, finden Sie? Ich würde eher sagen: Das klingt alles zu schön, um *immer* wahr zu sein. Manchmal dürfen wir Augenblicke erleben, die dieser Fülle sehr nahe kommen, selbst unter Umständen, die alles andere als günstig dafür erscheinen. Noch heute beeindruckt es mich, wenn ich an die Feste denke, die wir in der Wohngemeinschaft mit den jugendlichen Flüchtlingen feierten. Obwohl diese Halbwüchsigen fernab ihrer Familie mehr schlecht als recht versorgt und mit einer völlig ungewissen Zukunft aufwuchsen, ließen sie es sich nicht nehmen, Feste vorzubereiten und zu feiern. Da wurde aufwändig gekocht, Musik ausgewählt und nicht zuletzt für das entsprechende Styling gesorgt. Wenn wir dann miteinander schmausten, tanzten, lachten, waren Angst, Schwermut und Bedrückung, die sonst ihre Gesichter zeichnete, wie weggezaubert.

Doch diese Momente dauerten nur kurz an, und ich ertappte mich nicht nur mit dem Wunsch, sie mögen lange andauern. Ich hätte sie auch all den anderen Jugendlichen vergönnt, die ich damals zuhauf in tristen Flüchtlingslagern inkaserniert wusste. Zweifellos, unser Streben und Wünschen geht immer auf alles mit allen hin. „Alle Völker der Erde sollen Segen erlangen"[78], heißt es schon im ersten Buch der Bibel. „Alle Menschen werden Brüder", singt der Chor aus voller Lautstärke in Beethovens neunter Symphonie. Und nach wie vor shaken Junge wie Ältere zu Michael Jacksons „We are the world. We're all a part of God's great big family" – „Wir sind die Welt. Wir sind alle ein Teil von Gottes großer Familie". Die Idee, dass alle, Freund und Feind, zu einer „großen Familie" zusammenwachsen, ist, so scheint es, nicht auszulöschen.

Freilich ist uns bewusst, dass es mehr als unwahrscheinlich ist, dass dieses Ideal jemals eine irdische Wirklichkeit wird. Menschen, die in ihrem Glauben verankert sind, haben aber die Perspektive, dass sich ihre Hoffnung letztendlich erfüllt, dass sie nach dem irdischen Leben ein Paradies für alle und mit allen erwartet.

Dem Verhältnis zwischen Wunsch und Wirklichkeit ist im 4. Jahrhundert der Theologe Augustinus nachgegangen. In seinem Buch „Der Gottesstaat" beschreibt er die Diskrepanz zwischen der realen weltlichen Unvollkommenheit und der ersehnten himmlischen Vollendung. Daraus zieht er folgenden Schluss für das Leben der christlichen Gemeinschaften: „Eine Hausgemeinschaft aber von solchen, die aus dem Glauben leben, erwartet die ewigen Güter, die für die Zukunft verheißen sind, und gebraucht die irdischen und zeitlichen Dinge nur wie ein Gast und stärkt sich durch sie."[79] Die gemeinsame Erwartung eines „himmlischen Miteinander" verbindet die Glaubenden im gemeinsamen Versuch, ihr Dasein bereits jetzt möglichst gut zu gestalten. Gemeinsam, so Augustinus, können auf diese Weise die Schwierigkeiten des täglichen Lebens besser bewältigt werden. Kurz gesagt: Die Suche nach der vollkommenen Gemeinschaft schafft eine Gemeinschaft von Suchenden. Wie genau dieses vollendete Zusammensein möglich wird, übersteigt die menschliche Vorstellungskraft. Augustinus mahnt an dieser Stelle zur Zurückhaltung: „Wer das Ganze nicht zu überschauen vermag, wird durch die vermeintliche Hässlichkeit eines Teilstückes beleidigt, weil er nicht erkennt, wozu es passt und worauf es sich bezieht."[80] Seine Worte sind unmissverständlich: Als Menschen mit begrenztem Verstand obliegt uns nicht, über diese Welt zu richten, sondern sie so einzurichten, dass wir die beschwerlichen, unschönen Dinge des Lebens gut miteinander aushalten können.

DAS GELUNGENE WIR IST EIN GESCHENK

Es ist immer ein Geschenk, wenn trotz aller Limitationen und Widrigkeiten, die unser Dasein enthält, ein gelungenes Miteinander zustande kommt. Es kann nicht gemacht, nicht erarbeitet und noch weniger erzwungen werden, sondern ereignet sich ungeplant und unverhofft. Von dieser Erfahrung berichten viele, die regelmäßig mit Gruppen zusammenarbeiten. „Dass wir uns wechselseitig öffnen können, dass wir miteinander leiden und uns freuen, uns einander bereichern, das erleben wir in der Gruppenarbeit immer wieder als Geschenk"[81], schreiben Matthias Scharer und Bernd Jochen Hilberath in ihrem Grundlagenbuch zur „Kommunikativen Theologie". Geglücktes Zusammensein beruht immer auf Wechselseitigkeit. Wir gehen aufeinander zu, teilen einander mit. „Ich bin ganz erstaunt, dass er mich mindestens so oft anruft wie ich ihn!", berichtet eine Klientin strahlend über ihren neuen Freund. In ihrer Vergangenheit war sie gewohnt, die Hauptverantwortung in Beziehungen tragen zu müssen.

Es ist schon etwas Großes, wenn sich alle in einer Gruppe um Wertschätzung, Wohlwollen und Akzeptanz bemühen. Und dennoch wissen wir, dass es noch das gewisse Etwas braucht, damit sich jene Freude einstellen kann, die hoffentlich jede und jeder von uns dann und wann in Klassenfahrten, Vereinssitzungen oder Familienfeiern erfahren hat. Es sind Momente, an die wir uns mit staunender Dankbarkeit erinnern. Astrolog:innen würden es die perfekte Konstellation der Sterne nennen. Atheist:innen sehen darin vielleicht einen Zufall. Als Christin nenne ich es Gnade, ein Geschenk nicht von Menschenhand, sondern des Himmels.

Bei aller Geschenkhaftigkeit bleibt es sinnvoll, Gedanken, Kraft und Zeit zu investieren, um in diese beglückende Verbundenheit zu finden. Ich warne aber davor, das auch von anderen einzufordern. „Du musst dich engagieren! Du musst an die anderen denken!" Mit dieser moralischen Keule wurde mehr Schaden angerichtet als an Gemeinschaftsfähigkeit hervorgebracht. Nicht fordern, sondern fördern ist der Weg, der zum Ziel führt. Wir können darauf vertrauen, dass in uns allen als soziale Wesen die Sehnsucht nach dem Wir lebt. Wer die Fühler dieser Sehnsucht ausstreckt, wird, vielleicht mehr tastend als wissend, mit denen in Berührung kommen, die die gleiche Sehnsucht bewegt.

Schluss

Zuletzt möchte ich das Geheimnis dieses Buches lüften. Ich bin ein Zwillingskind. Seit Beginn meiner Existenz bin ich in einem Wir eingebettet aufgewachsen. Von mir wurde stets in der Mehrzahl gesprochen, und ich habe diese Sprechform zunächst unbewusst, dann ganz bewusst übernommen. „Wir hatten heute Schularbeit", erzählten ich und mein Bruder, wenn wir von der Schule heimkamen, oder: „Heute haben wir viel Hausübung." Jede Geburtstagsparty und jeden Schikurs verbrachten wir gemeinsam. Heute weiß ich, dass das auch seinen Preis hatte. Es ist nicht nur förderlich, so wenig als individuelle Person wahrgenommen zu werden, und ich habe viel Zeit, Energie und Gedanken aufgewandt, um herauszufinden und zu dem zu stehen, was mein höchstpersönliches Wesen ausmacht. Nun kann ich es aber als Reichtum erfahren, dass ich seit meiner Zeugung in Verbindung lebe und stehe, mit Menschen auf aller Welt ebenso wie mit der Natur und natürlich mit Gott. Diese Verbindung von Wir und Ich ist es, die mein Leben erfüllend, reich, WIR-kl-ICH macht.

Mit der Sehnsucht nach dem Wir habe ich begonnen. Auf unserer Suche sind uns Hindernisse im Miteinander ebenso begegnet wie Hilfreiches. Wir haben vielfältige Zusammenhänge und Formen von Gemeinschaft erforscht. Wenn nun, am Ende dieses Buches, das Wort *wir* für Sie nach mehr klingt als einem nüchternen Personalpronomen, wenn sich Ihnen neue Zugänge und Verbindungen zum Leben und zur Welt erschlossen haben, dann, liebe Leserin, lieber Leser, sind wir alle ein Stück weitergekommen auf unserem Weg ins Wir.

Dank

Dieses Buch verdankt sich einem Wir. Es verdankt sich Fremden ebenso wie meinen Klient:innen und Kolleg:innen, die mit mir ihre Erfahrungen, Gedanken und Gefühle geteilt haben und mich Einblick in die Vielfalt menschlicher Lebensentwürfe gewinnen ließen. Ich danke allen Freund:innen, die mir in Gesprächen und Diskussionen neue Perspektiven auf das Thema des Wir eröffnet haben. Weiters möchte ich mich beim Tyrolia-Verlag bedanken, insbesondere bei meiner Lektorin Helene Daxecker-Okon, die nie daran gezweifelt hat, dass dieses Buch erscheinen wird. Ein spezieller Dank geht an meinen Taufpaten, Freund und Mentor, Dr. Wilhelm Achleitner, der mich durch seine Anmerkungen, sein Interesse und Nachfragen zum Schreiben inspiriert und ermutigt hat.

Mein innigster Dank aber gebührt meinen Mitschwestern, die mich mit heißer Suppe, Erdnussflips und ihrer unendlichen Geduld beim Schreiben dieses Buches unterstützt haben.

Zuletzt möchte ich bereits im Vorhinein allen Leserinnen und Lesern danken, die durch ihre Rückmeldungen, Anmerkungen und Ergänzungen an diesem Buch weiterdenken und weiterschreiben und so unsere Wege zum Miteinander fortsetzen.

Literaturverzeichnis

Adler, Alfred: Menschenkenntnis (1927). Studienausgabe Band 5. Hg. von Jörg Rüedi. Vandenhoeck & Ruprecht, Göttingen 2007.

Adler, Alfred: Der Sinn des Lebens (1933). Studienausgabe Band 6. Hg. von Reinhard Brunner und Ronald Wiegand. Vandenhoeck & Ruprecht, Göttingen 2008.

Arendt, Hannah: Wir Flüchtlinge. Philipp Reclam, Stuttgart 2016.

Augustinus: Der Gottesstaat. De Civitate Dei. Johannes Verlag, Einsiedeln 1996 (3. Aufl.).

Bartens, Werner: Empathie: Die Macht des Mitgefühls. Weshalb einfühlsame Menschen gesund und glücklich sind. Droemer, München 2015.

Bauer, Joachim: Das kooperative Gen. Abschied vom Darwinismus. Hoffmann und Campe, Hamburg 2008.

Bonhoeffer, Dietrich: Gemeinsames Leben. Chr. Kaiser Verlag, München 1985 (20. Aufl.).

Bucher, Anton: Psychologie des Glücks. Ein Handbuch. Beltz, Weinheim 2009.

Dumont, Louis: Individualismus. Zur Ideologie der Moderne. Campus, Frankfurt 1991.

Frankl, Viktor: Der Mensch vor der Frage nach dem Sinn. Eine Auswahl aus dem Gesamtwerk. Piper, München 1985.

Fromm, Erich: Die Seele des Menschen. Deutsche Verlagsanstalt, Stuttgart 1979.

Fuchs, Thomas: Das Gehirn – ein Beziehungsorgan. Eine phänomenologisch-ökologische Konzeption. Kohlhammer, Stuttgart 2021 (6. Aufl.).

Funk, Rainer: Ich und Wir. Psychoanalyse des postmodernen Menschen. Dtv, München 2005.

Harms, Thomas: Emotionelle Erste Hilfe. Bindungsförderung. Krisenintervention. Eltern-Baby-Therapie. Psychosozial Verlag, Gießen 2016.

Hecht, Martin: Die Einsamkeit des modernen Menschen. Wie das radikale Ich unsere Demokratie bedroht. Dietz, Berlin 2021 (E-Book).

Hüther, Gerald und Spannbauer, Christa: Verbundenheit. Warum wir ein neues Weltbild brauchen. Hogrefe, Bern 2018 (2. Aufl.).

Ignatius von Loyola: Geistliche Übungen. Echter, Würzburg 2008.

Katholische Bibelanstalt: Einheitsübersetzung der Heiligen Schrift. Katholische Bibelanstalt GmbH, Stuttgart 2016.

König, Oliver und Schattenhofer, Karl: Einführung in die Gruppendynamik. Auer, Heidelberg 2008.

Meister Eckhart: Predigten, Traktate, Sprüche. Deutscher Klassiker Verlag, Frankfurt am Main 1993.

Mentzos, Stavros: Lehrbuch der Psychodynamik. Die Funktion der Dysfunktionalität psychischer Störungen. Vandenhoeck & Ruprecht, Göttingen 2015.

Nell-Breuning, Oswald von: Unsere Verantwortung. Herder, Freiburg 1987.

Plessner, Helmuth: Die Stufen des Organischen und der Mensch. Einleitung in die philosophische Anthropologie. De Gruyter, Berlin 1965.

Radcliffe, Timothy: Gemeinschaft im Dialog. Ermutigung zum Ordensleben. St. Benno, München 2001.

Remele, Kurt: Es geht uns allen besser, wenn es allen besser geht. Die ethische Wiederentdeckung des Gemeinwohls. Grünewald, Ostfildern 2021.

Salzburger Äbtekonferenz (Hg.): Die Regel des heiligen Benedikt. Beuroner Kunstverlag, Beuron 2019 (5. Aufl.).

Sartre, Jean-Paul: Drei Essays. Ullstein, Frankfurt 1975.

Schambeck, Mirjam: Unbehauste Heimat. Von der Sehnsucht anzukommen. Echter, Würzburg 2017.

Scharer, Matthias und Hilberath, Bernd Jochen: Kommunikative Theologie. Eine Grundlegung. Matthias-Grünewald-Verlag, Mainz 2002.

Stein, Edith: Zum Problem der Einfühlung. Gerhard-Kaffke-Verlag, München 1980.

Strauß, Bernhard: Bindung. Psychosozial-Verlag, Gießen 2014.

Thích Nhất Hạnh: Die Sonne, mein Herz. Über die Verbundenheit allen Seins. Theseus-Verlag, Bielefeld 2012.

Thomas von Aquin: Von der Wahrheit, Quaestio I. Übersetzt und hg. von Albert Zimmermann. Felix Meiner Verlag, Hamburg 1986.

Utz, Arthur-Fridolin: Sozialethik. Mit internationaler Bibliographie. 1. Teil: Die Prinzipien der Gesellschaftslehre. Kerle, Heidelberg 1964.

Vanier, Jean: Gemeinschaft heißt zu Hause sein. Brockhaus, Wuppertal 2001.

Anmerkungen

1   Ps 63,2. Bibelverse sind entnommen aus: Einheitsübersetzung der Heiligen Schrift. Katholische Bibelanstalt GmbH, Stuttgart 2016.

2   Sachs, Nelly: Eli. Ein Mysterienspiel vom Leiden Israels. In: dies.: Das Leiden Israels/ Eli/In den Wohnungen des Todes/Sternverdunkelung. Suhrkamp Verlag, Frankfurt am Main 1962, S. 61.

3   Vgl. Bucher, Anton: Psychologie des Glücks. Ein Handbuch. Beltz, Weinheim 2009.

4   Karlich, Barbara: Was den Menschen zum Menschen macht. In: Miteinander. Die Zeitschrift des Canisiuswerkes, Nr. 11–12, 2022, S. 12.

5   Vgl. Schambeck, Mirjam: Unbehauste Heimat. Von der Sehnsucht anzukommen. Echter, Würzburg 2017.

6   Adler, Alfred: Der Sinn des Lebens (1933). Studienausgabe Band 6. Vandenhoeck & Ruprecht, Göttingen 2008, S. 37.

7   Mentzos, Stavros: Lehrbuch der Psychodynamik. Die Funktion der Dysfunktionalität psychischer Störungen. Vandenhoeck & Ruprecht, Göttingen 2015, S. 58.

8   Harms, Thomas: Emotionelle Erste Hilfe. Bindungsförderung. Krisenintervention. Eltern-Baby-Therapie. Psychosozial Verlag, Gießen 2016: http://thomasharms.org/wp-content/uploads/2016/06/06-16-K%C3%B6rper-Elternwissen-und-Bindung.pdf (Zugriff: 14.2.24).

9   Warum Berührungen lebenswichtig sind. In: Deutsches Ärzteblatt, Februar 2019: https://www.aerzteblatt.de/nachrichten/101227/Warum-Beruehrungen-lebenswichtig-sind (Zugriff: 7.1.24).

10 Stein, Edith: Zum Problem der Einfühlung. Gerhard-Kaffke-Verlag, München 1980, S. 29.

11 1 Kor 12,17.

12 König, Oliver und Schattenhofer, Karl: Einführung in die Gruppendynamik. Auer, Heidelberg 2008, S. 58.

13 Hüther, Gerald und Spannbauer, Christa: Verbundenheit. Warum wir ein neues Weltbild brauchen. Hogrefe, Bern 2018 (2. Aufl.), S. 26.

14 Zitiert nach Strauß, Bernhard: Bindung. Psychosozial-Verlag, Gießen 2014, S. 35.

15 Vgl. ibd., S. 39.

16 Aristoteles: Politik, Kap. 2. In: Projekt Gutenberg: https://www.projekt-gutenberg.org/aristote/politik/chap002.html (Zugriff: 30.4.24).

17 Vgl. Utz, Arthur-Fridolin: Sozialethik. Mit internationaler Bibliographie. 1. Teil: Die Prinzipien der Gesellschaftslehre. Kerle, Heidelberg 1964, S. 123.

18 Vgl. Thomas von Aquin: Von der Wahrheit, Quaestio I. Übersetzt und hg. von Albert Zimmermann. Felix Meiner Verlag, Hamburg 1986.

19 Ps 50,7; 115,9.

20 Vgl. 1 Kor 1,9.

21 Gal 3,28.

22 Vgl. Arendt, Hannah: Wir Flüchtlinge. Philipp Reclam, Stuttgart 2016.

23 Nell-Breuning, Oswald von: Unsere Verantwortung. Herder, Freiburg 1987, S. 41.

24 Ibd., S. 46.

25 Vgl. Sartre, Jean-Paul: Ist der Existentialismus ein Humanismus? In: Sartre, Jean-Paul: Drei Essays. Ullstein, Frankfurt, 1975, S. 12ff.

26 Meister Eckhart: 17. Von Gott und der Welt. In: Predigten, Traktate, Sprüche. Deutscher Klassiker Verlag, Frankfurt am Main 1993, Nr. 112.

27 Vgl. Fuchs, Thomas: Das Gehirn – ein Beziehungsorgan. Eine phänomenologisch-ökologische Konzeption. Kohlhammer, Stuttgart 2021 (6. Aufl.).

28 Gen 4,1.

29 Vgl. Plessner, Helmuth: Die Stufen des Organischen und der Mensch. Einleitung in die philosophische Anthropologie. De Gruyter, Berlin 1965.

30 Dumont, Louis: Individualismus. Zur Ideologie der Moderne. Campus, Frankfurt 1991, S. 86.

31 Vgl. Funk, Rainer: Ich und Wir. Psychoanalyse des postmodernen Menschen. Dtv, München 2005.

32 Sir 39,28.

33 Mt 13,39ff; 24,3 u. a.

34 Lk 23,43.

35 Zitiert nach Vanier, Jean: Gemeinschaft heißt zu Hause sein. Brockhaus, Wuppertal 2001, S. 12ff.

36 Adler, Alfred: Menschenkenntnis (1927). Studienausgabe Band 5. Vandenhoeck & Ruprecht, Göttingen 2007, S. 46.

37 Hecht, Martin: Die Einsamkeit des modernen Menschen. Wie das radikale Ich unsere Demokratie bedroht. Dietz, Berlin 2021 (E-Book), S. 8.

38 Ibd., S. 12.

39 Ibd.

40 Vgl. Funk, R.: Ich und Wir.

41 Adler, A.: Menschenkenntnis, S. 49.

42 Vgl. Funk, R.: Ich und Wir.

43 Adler, A.: Menschenkenntnis, S. 155.

44 https://ukblackhistory.org/ambalavaner-sivanandan/ (Zugriff: 10.4.24).

45 Fromm, Erich: Die Seele des Menschen. Deutsche Verlagsanstalt, Stuttgart 1979, S. 27.

46 Gen 3,7f.

47 Fromm, E.: Die Seele des Menschen, S. 158.

48 Vgl. Remele, Kurt: Es geht uns allen besser, wenn es allen besser geht. Die ethische Wiederentdeckung des Gemeinwohls. Grünewald, Ostfildern 2021.

49 Vgl. Hüther, G.: Verbundenheit, S. 45ff.

50 Vgl. Thích Nhất Hạnh: Die Sonne, mein Herz. Über die Verbundenheit allen Seins. Theseus-Verlag, Bielefeld 2012 und www.intersein.de.

51 Salzburger Äbtekonferenz (Hg.): Die Regel des heiligen Benedikt. Beuroner Kunstverlag, Beuron 2019 (5. Aufl.), RB 3,1.3.

52 Radcliffe, Timothy: Gemeinschaft im Dialog. Ermutigung zum Ordensleben. St. Benno, München 2001, S. 62f.

53 Mk 6,11.

54 Salzburger Äbtekonferenz (Hg.): Die Regel des heiligen Benedikt, RB 35,1.3.

55 Frankl, Viktor: Der Mensch vor der Frage nach dem Sinn. Eine Auswahl aus dem Gesamtwerk. Piper, München 1985, S. 38.

56 Vgl. Kino, Mona: Zeit für Empathie. Fünf Wege zu innerer Balance und einem gelassenen Miteinander in der Familie. Beltz, Weinheim 2020.

57 Ignatius von Loyola: Geistliche Übungen. Echter, Würzburg 2008, Nr. 22.

58 Mt 5,45.

59 Frankl, V.: Der Mensch vor der Frage nach dem Sinn, S. 35.

60 Vgl. Bonhoeffer, Dietrich: Gemeinsames Leben. Chr. Kaiser Verlag, München 1985 (20. Aufl.), S. 95ff.

61 Bartens, Werner: Empathie: Die Macht des Mitgefühls. Weshalb einfühlsame Menschen gesund und glücklich sind. Droemer, München 2015, S. 258.

62 Vgl. Bauer, Joachim: Das kooperative Gen. Abschied vom Darwinismus. Hoffmann und Campe, Hamburg 2008.

63 Vgl. Der Koran, Sure 2,213: Sure al-Baqara – KoranLesen.de (Zugriff: 30.4.24).

64 Gen 2,18.

65 Vgl. Tit 3,4.

66 Vgl. Mt 28,20.

67 Bonhoeffer, D.: Gemeinsames Leben, S. 73.

68 Radcliffe, T.: Gemeinschaft, S. 24.

69 Salzburger Äbtekonferenz (Hg.): Die Regel des heiligen Benedikt, RB 3,2.

70 Vgl. Radcliffe, T.: Gemeinschaft, S. 248ff.

71 Bonhoeffer, D.: Gemeinsames Leben, S. 80.

72 Radcliffe, T.: Gemeinschaft, S. 249.

73 Adler, A.: Menschenkenntnis, S. 223.

74 Vgl. Spiegel, Peter: WeQ – More than IQ. Abschied von der Ich-Kultur. Oekom-Verlag, München 2015.

75 Frankl, V.: Der Mensch vor der Frage nach dem Sinn, S. 147.

76 Lk 9,24. Übersetzung der Autorin aus dem griechischen Neuen Testament.

77 Ignatius von Loyola: Geistliche Übungen, Nr. 231.

78 Gen 18,18.

79 Augustinus: Der Gottesstaat. De Civitate Dei. Johannes Verlag, Einsiedeln 1996 (3. Aufl.), S. 258f.

80 Ibd., S. 57.

81 Scharer, Matthias und Hilberath, Bernd Jochen: Kommunikative Theologie. Eine Grundlegung. Matthias-Grünewald-Verlag, Mainz 2002, S. 120.

Nachhaltige Produktion ist uns ein Anliegen; wir möchten die Belastung unserer Mitwelt so gering wie möglich halten. Über unsere Druckereien garantieren wir ein hohes Maß an Umweltverträglichkeit: Wir lassen ausschließlich auf FSC®-Papieren aus verantwortungsvollen Quellen drucken und verwenden Farben auf Pflanzenölbasis. Wir produzieren in Österreich und im nahen europäischen Ausland, auf Produktionen in Fernost verzichten wir ganz.

Mitglied der Verlagsgruppe „engagement"

© 2024 Verlagsanstalt Tyrolia, Innsbruck
Umschlaggestaltung: Team Stadthaus, Innsbruck
Layout und digitale Gestaltung: Tyrolia-Verlag, Innsbruck
Foto der Autorin: Sylvia Faustenhammer, fotografie-sf.at
Druck und Bindung: FINIDR, Tschechien
ISBN 978-3-7022-4211-4
E-Mail: buchverlag@tyrolia.at
Internet: www.tyrolia-verlag.at